살다 보니 별일이

살다 보니 별일이

글·사진 김요한

새물결플러스

글을 시작하며

나는 사람이든 일이든 사물이든 새로운 것을 조금 낯설어하는 경향이 있다. 그래서 한 사람과 오래 사귀고, 한 가지 일을 꾸준히 하며, 예컨대 식당도 늘 다니던 곳을 즐겨 찾는 경향이 강하다.

이런 경향은 출판사를 운영하면서도 그대로 이어졌다. 나는 특별한 일이 없는 한 14년 전 출판사를 처음 시작할 때 거래 관계를 맺었던 업체들과 지금껏 단골 관계를 유지하고 있다. 단, 제본소의 경우 상대 업체에 대해 우리 직원들의 불만이 많아 중간에 딱 한 번 거래처를 바꾼 것이 전부다.

2020년 6월 30일, 13년간 긴밀한 관계를 유지해온 예원 프린팅 김태영 대표의 부친께서 지상의 삶을 마감하고 천국에 입성하셨다. 김태영 대표님은 처음에는 사업 관계로 만났지만 시간이 지나면서 신앙적인, 그리고 인간적인 교분이 몹시 두터워진 사이다. 심지어 한국전쟁 직전에 월남한 실향민 출신이라는 가족 배경 때문에 정치적으로 보수적인 입장을 오랫동안 견지해오다가, 나를 만나고 나서 받은 영향 때문에 중도적인 입장으로 선회하였다고까지 고백할 정도로 속마음을 털어놓고 대화를 나누는 관계로 발전한 사이다.

　나는 7월 1일에 신촌 세브란스 병원에 차려진 빈소를 찾아 조문을 하였다. 코로나19 사태로 병원 방문이 극히 제한되던 시기라 장례식장 입구부터 발열 체크며 방문자 기록 작성을 꼼꼼히 했다. 소정의 출입 절차를 마치고 빈소에 당도하니 때마침 입관 예배가 드려지고 있던 관계로 곧바로 조문을 할 수가 없었다. 약 15분쯤 기다리자 김태영 대표께서 입관예배를 마치고 빈소에 모습을 드러냈다. 그는 나를 보자마자 울먹이면서 "아버님이 너무 갑자기 가셔서"라며 말을 잇지 못했다. 아직 보내드릴 마음의 준비를 하지 못하고 있는데 부친께서 떠나셨다는 뜻일 게다. 허나 엄밀히 말하자면 '갑자기'는 아닐지 모른다. 내가 알기로, 그의 부친은 수년 전부터 '알츠하이머' 병으로 어려움을 겪고 계셨다. 그러니 어느 정도 죽음의 전조가 주변을 맴돌았다고 보는 것이, 따라서 그때부터 어느 정도 마음의 준비를 하고 있었다고 말하는 것이 더 정확한 워딩일지 모른다. 하지만 사랑하는 아버지를 떠나보낸, 누구보다 효성이 지극한 자식의 입장에서는 모든 것이 갑자기 일어난 사태처럼 여겨졌으리라.

　김태영 대표의 부친은 서울 영락교회에서 장로 직분을 받았고 은퇴 이후에도 20년 가까이 원로 장로로 교회를 섬겼다. 예전에 그가 내게 말하길, 자신의 부친이 군사정권 시절에 정부 기관에 각종 인쇄물과 홍보물을 납품하는 일을 맡아 상당한 돈을 벌었다고 했다. 그러나 그 시절에 정부 일을 대행하려면 여러 음습한 관행에서 자유로울 수가 없었다. 그러던 차에 교회에서 장로로 선출되자 그의 부친은 신앙 양심을 위해 더 이상 부정한 돈이 오가며 가짜 회계 처리를 해야 하는 정부 납품 일을 그만두겠다고 선언하였고, 이를 괘씸하게 여긴 기관의 보복을 받아 사업이 모진 된서리를 맞았다고 했다. 말하자면 그는 아버지가 간신히 명맥만 남겨준 인쇄업을 여지껏 힘겹게 끌고 온 셈이었다. 신앙의 힘이 아니었으면 감당하기 어려운 세월이었을 것이다.

조문을 마치고 돌아온 나는 하루 종일 '갑자기'란 단어에 마음을 빼앗겼다. 그것은 마치 단단한 이물질이 식도를 무단으로 점령한 채 가슴을 조여 오는 듯한 통증 같은 느낌이었다. 종일 마음이 편치 않았던 나는 자정 무렵 백지 몇 장을 꺼내 '유언장'을 작성했다. 생애 처음으로 써보는 유언장이었다. 하기사 (우리 나이로) 고작 53세밖에 안 된 사람이 유언장을 쓴다는 게 가당키나 한 일인가. 더욱이 요즘은 공공연히 100세 시대를 외치는 때가 아니던가. 그럼에도 그날 나는 반드시 유언장을 작성해놔야만 할 것 같은 설명하기 어려운 절박감을 느꼈다. 그래서 만약 '갑자기' 내가 죽게 되면 이제 한창 공부 중인 아이들 학비는 어떻게 조달할 것이며, 회사 직원들 퇴직금은 어떻게 장만할 것이며, 내가 갖고 있는 알량한 재산의 전부인 책과 몇몇 전자 제품은 어떻게 처리할 것인지를 자세히 기록했다. 나름 꼼꼼하게 유언장을 작성해놓고 보니 A4 용지로 두 장이나 빼곡하게 채워졌다. 유언장의 말미에는 아내와 아이들에게 한편으로 진짜 사랑하고, 또 한편으로는 고생만 시켜서 미안하다는 말을 적어놓는 것을 잊지 않았다.

돌이켜보면, 내 아버지는 단 한 줄의 유언장도 남겨놓지 않고 '갑자기' 세상을 떠났다. 나의 부친은 2005년에 15일 완전 금식기도를 한 후 뇌출혈로 쓰러진 상태에서 다시는 눈을 뜨지 못하고 가족들 곁을 영원히 떠났다. 정말이지 모든 것이 갑자기 일어난 사태였다. 그러니 지극히 당연하게도 유언장을 남길 수가 없었다. 아버지가 '갑자기' 떠나느라 자신의 빈자리를 어떻게 정리할 것인지를 놓고 일언반구도 남긴 말이 없었기 때문에 뒤에 남은 식구들이 적잖은 마음고생을 해야 했다. 특히 아버지의 유품을 정리하다가 발견한 세 장의 '차용증' 때문에 가슴이 철렁했던 기억이 지금도 생생하다. 목사였던 아버지는 교인들 가운데 신용불량 상태에 처했던 세 가정을 위해 본인이 보증을 서는 방식으로 은행 대출을 받아주고 그에 대한 차용증을 받아 교회 사무실 서랍 깊숙한 곳에 숨겨두었었다. 물론 우리 가족들은 그 사실을 까맣게 몰랐다. 2005년 당시로 그 금액이 2억 원이 조금 넘었고, 빠듯한 우리 가족 형편에는 결코 적잖은 액수였다. 아무튼 그런 뒤처리를 하느라 남편과 아버지를 떠나보낸 가족들이 짊어져야 했던 짐들이 분명 있었다. 나는 그때의 기억을 되살리며 혹시 내가 '갑자기' 세상을 떠나게 된다 해도 그로 인해 뒤에 남겨진 사람들을 우왕좌왕하도록 만드는 일만은 하지 말아야겠다는 일념으로 꼼꼼하게 유언장을 작성했다.

기실 '갑자기'란 말은 '마지막'이란 말과 동일한 결을 지닌 어휘다. 2020년 7월 1일 세브란스 병원 장례식장을 다녀온 이후로 나의 삶은 일거수일투족이 '마지막' 같은 의미를 띠게 되었다. 그날 이후로 나는 언제든 갑자기 떠날 수 있다는 경각심을 갖고 산다. 그 경각심은 내게 지금 여기서의 삶이 마지막일 수도 있다는 지혜를 일깨워준다. 또한 그것은 내게 오늘 하루의 삶이 얼마나 소중하고, 애틋하며, 경이로운지를 알려주는 자명종 역할을 한다. 그리고 지금 이 순간의 내 모습이 주변 사람들의 기억에 남겨지는 나의 마지막 모습일 수도 있기 때문에, 따라서 함부로 처신해서는 안 된다는 것을 스스로에게 각인시키는 리트머스 시험지와 같은 역할을 한다.

　기실 내 나이 40대 초반까지만 해도 꼭 내 이름이 적힌 책을 써야지 하는 포부와 각오가 있었다. 그런데 어느 순간부터 인생이 꼬이기(?) 시작하더니 8년이란 세월을 오롯이 남의 이름이 적힌 책을 만들어주느라 밤낮으로 활자와 씨름하기를 반복했다. 그러는 사이에, 언젠가 내 책을 쓰게 되면 예화로 써먹으려고 했던 삶의 편린들이 세월의 무게를 견디지 못하고 색이 바래져 가는 것을 속절없이 지켜보는 상황에 다다르게 되었다. 이러다가 혹시 '갑자기' 세상을 떠나게 되면 그 편린들도 허무하게 사라지는 것이 아닌가 하는 기우를 견디지 못해, 이번에도 가볍게 책으로 엮게 되었다.

　책의 제목을 『살다 보니 별일이』로 잡아놓고 보니 내용과 잘 매칭이 되지 않는 것 같아 독자들에게 송구스러운 마음이 크다. 그저 내 삶에서 신앙과 일상이 중구난방으로 얽혀 있어도 나름 서로 잘 어우러져 살고 있다는 표식 정도로 너그럽게 받아들여 주신다면 감사하겠다.

2021년 5월

김요한

목차

chapter 1

나는 미친 삶을 살고 싶다

2020년 10월 어느 날이었다.

신속하게 처리해야 할 일 때문에 온몸의 신경을 초집중한 상태로 일을 하고 있는데, 카페 매니저님이 급하게 문을 두드리더니 '약속이 잡힌 손님'이 왔다는 말을 전했다.

나는 고개를 갸우뚱했다.

아무리 기억을 더듬어 봐도 오늘 누군가와 만나기로 약속을 잡은 일이 없었다.

"어, 오늘 미팅 약속이 없는데요?" 내가 반문했다.

"아닌데요, 그 손님이 분명 오늘 만나기로 했다면서 지금 카페에서 기다리시는데요." 매니저님이 대답했다.

나는 혹시라도 내가 뭔가 기억을 놓치고 있는 게 있나 싶어 머리를 긁적이며 얼른 옷맵시를 가다듬고 1층 카페로 내려갔다.

낯선 여성이 기다리고 있었다.

"처음 뵙는 분인데요, 혹시 저하고 무슨 약속을 잡으셨나요?" 내가 물었다.

"저 모르세요?" 외려 그녀가 당당하게 되물었다.

"잘 모르겠는데요, 저는 처음 뵙는 분 같은데요."

"이거 왜 이러세요? 저를 정말 모르신다는 거예요?"

"네, 저는 정말 처음 뵙는 분인데요."

예상치 못했던 사태에 나는 살짝 얼굴이 붉어질 정도로 당황했다.

제 아무리 기억을 되살려 봐도 생면부지의 인물이었다. 그러니 당연히 미팅 약속을 잡았을 리 만무하다.

그런데 그 낯선 여성은 한술 더 뜬다.

"이거 정말 왜 이러세요? 거짓말 좀 그만하세요. 보세요, 대놓고 거짓말하시니까 얼굴이 빨개지셨잖아요."

"아, 그거야, 저는 그쪽을 전혀 모르는데 자꾸 아는 사이라고 하니까 당황이 되어서 그렇죠."

그러자 그 여성은 정말 생뚱맞은 말을 던졌다.

"저를 정말 모르신다고요? 김 목사님이 오랫동안 제 핸드폰이랑 노트북을 도감청하시고 계시잖아요? 그걸 지금 부인하시는 거예요?"

하하, 도감청이라니, 내가 무슨 국정원 요원이라도 된단 말인가?

더욱이 전혀 알지도 못하는 사람을 뭣 하러 도감청한단 말인가?

나는 그녀와 마주 앉아 무려 2시간에 걸쳐 그녀가 지금 심각한 오해를 하고 있음을 상세히 설명해줬다.

도감청 기술과 장비는 정보기관이 아니면 소유하기 어렵고, 법원의 허락 없이 도감청을 하면 불법이며, 당신같이 평범한 사람을 국가가 무슨 이유로 감시하겠냐고 말해줬다.

그리고 나 정도 인품이 되니까 당신을 상대하면서 이런 설명을 해주는 것이지, 다른 데 가서 똑같은 말을 하면 이상한 사람 취급받으니 절대 어디 가서 그런 말 하지 말라고 당부했다.

하지만 그녀는 끝끝내 내 말을 수긍하지 않았다.

대화가 끝나자, 그녀는 여전히 국정원에서 자신을 감시하는 게 분명하다는 멘트를 남기고 훌쩍 자리를 떴다.

멀찍이서 그 광경을 다 지켜본 카페 매니저님이 미안한 마음에 어쩔 줄 몰라 한다.

"저는 정말 대표님하고 미팅 약속을 잡은 사람인 줄 알았어요. 바쁘신데 이렇게 시간을 많이 빼앗기셔서 어떡해요?"

나는 괜찮다며 씩 웃었다.

잠시 후 다른 직원이 그 이야기를 전해 듣고 한마디 했다.

"혹시 그 여자 미친 사람 아니에요?" "아니 세상에 무슨 이런 경우가 다 있어요?"

그러면서 나한테도 한마디 하려다가 차마 말을 잇지 못하고 얼른 입을 다문다.

"대표님도 참..."

나는 진짜로 궁금했다.

그 직원은 '참' 다음에 과연 무슨 말을 하려고 했을까?

혹시 "뭣 하러 그런 쓸데없는 일에 시간을 허비하셨어요?"라고 말하려 했을까,

아니면 "역시 우리 대표님은 친절하고 훌륭한 목사님이세요"라고 말하려 했을까,

그것도 아니면 "할 일이 그렇게 없으세요"라고 말하려 했을까?

아마도 그 직원은 나더러 '미쳤다'고 말하려 하지는 않았을까?

"대표님도 참, 미쳤어요? 뭣 하러 그런 미친 사람을 상대로 두시간씩이나 대화를 해요?"라고 말이다.

그렇다.

요즘 세상 돌아가는 모양새를 보노라면, 이곳저곳 미친 곳이 많고, 이 사람 저 사람 미친 것 같은 인간도 많은 게 사실이다.

나도, 당신도 예외가 아니다.

하지만, 하지만,

미쳐 돌아가는 것 같은 세상에서 살수록 나는 진짜로 '미(美)치'고 싶다.

미치도록 '미(美)치'고 싶다.

아름다움으로써 광기를 치유하고 싶다.

그것이 나의 진짜 소망이다.

누가 진짜 어둠의 세력인가?

2020년 11월 26일 목요일 오후 6시, 나는 청와대 앞 분수대 인근에서 24시간 농성을 이어가던 세월호 참사 유가족들을 방문했다.

당시 청와대 앞에서는 극소수의 세월호 유가족들을 중심으로 '사회적 참사 진상 규명을 위한 특별법'이 2020년 정기 국회 회기 내에 국회를 통과할 수 있도록 40일이 넘게 농성을 이어가고 있었다. ('사참법'과 세월호 특검법은 2020년 12월 9일에 정기 국회를 통과했다.)

11월 말에 접어들면서 인왕산과 북악산 자락을 타고 매섭게 휘몰아치는 칼바람을 맞으며 텅 빈 공터에서 농성을 이어가는 것은 극한의 고통을 동반하는 일이다.

나는 며칠 전부터 그 문제로 계속 마음이 아팠기 때문에 농성 중인 유가족들 및 그 옆에서 함께 수고하는 시민들께 갖다 드릴 전기 충전용 고성능 핫팩을 주문해놓은 상태였고, 중간에서 연락을 맡은 조미선 집사님이 기왕이면 개신교 측에서 사참법 통과를 위한 예배를 인도하는 목요일 저녁에 방문하면 좋겠다고 하여 그 시간에 맞춰 찾아간 것이었다.

회사 카니발 차량에 핫팩을 한 박스 가득 넣고 차를 몰아 청와대 인근 효자동 삼거리에 이르니 근무 중인 경찰이 단호히 막아섰다.

그는 이 시간에는 일반 차량이 청와대 쪽으로 진입할 수 없다고 설명하였다.

내가 철야 농성 중인 세월호 유가족들께 갖다줄 핫팩을 가져왔다고 하니, 그는 잠시만 기다려달라면서 상부에 급하게 무전을 쳤다.

그러자 1분도 채 안 되어 경호 요원 한 사람이 나타나서 친절하게 안내를 했다.

경호 요원은 저녁에는 청와대 인근에 주차를 하는 것이 원칙적으로 허락되지 않지만 세월호 유가족들을 만나러 온 것이니 자신이 안내하겠다며 차량이 안전하게 주차할 곳을 일러준 다음 하차한 나를 분수대 인근에서 한참 예배 중이던 일행에게로 데려다주었다.

그 모습을 지켜보며 나는 세상이 참 달라졌구나 하는 생각을 지울 수가 없었다.

대통령 면전에서 아직도 세월호 문제를 매듭짓지 못한 대통령의 반성을 촉구하는 농성 중인 시위대(?)에게 더욱 힘을 내서 가열차게 투쟁을 하라는 격려성 물품을 전해준다는 사람을 이렇게 공권력이 친절하게 대해도 되는가 하는 생소한 느낌을 피할 수 없었던 것이다.

분수대 앞에 도착하니 조미선 집사가 세월호 유가족인 찬형이와 경빈 어머니를 데리고 와서 인사를 시켜줬다.

나는 가져간 핫팩을 건네주며 '너무 약소한 것이라 죄송하다'는 말만 되풀이했다.

그런데 유가족들이 핫팩을 보자마자 5년 전에 받았던 것과 동일한 종류의 핫팩이라며 금세 알아본다.

사실 내가 세월호 유가족들께 충전용 핫팩을 선물한 것은 이번이 처음은 아니었다. 2015년이 시작되자마자 세월호 유가족들이 광화문에서 한기를 온몸에 맞아가며 진상 규명을 위한 농성을 시작했을 때도 핫팩 100개를 구입하여 절반은 광화문에서 시위 중인 유족들에게, 절반은 안산에서 이명수, 정혜신 선생 부부께 치유 상담을 받던 유족들에게 전달한 적이 있었는데 그걸 선명하게 기억하고 있었던 것이다.

조미선 집사가 핫팩을 주고받는 우리의 모습을 카메라에 담은 후 경빈이 엄마가 불쑥 한마디 던졌다.

"목사님, 마침 잘 오셨어요. 저쪽에 목사님이랑 이름이 똑같은 목사 한 사람이 하루 종일 우리를 향해서 온갖 못된 저주의 말을 퍼붓고 있는데요, 진짜 요한 목사님이 가셔서 좀 팍팍 눌러주세요."

이게 무슨 말인가 싶어 다른 유족들에게 자초지종을 물어보니, 유가족들이 농성 중인 바로 앞에서 ○요한이란 목사가 확성기를 들고 하루 종일 문재인 대통령과 유가족들을 향해 차마 입에 담을 수 없는 욕설을 퍼붓는다는 것이다.

간단히 요약하면 현 정부와 세월호 유가족들이야말로 진짜 어둠의 세력, 빨갱이 세력, 사탄의 세력이라며 예수의 이름으로 당장 망하고 죽기를 비는 저주 기도를 쉼 없이 내뱉고 있다는 것이었다.

나는 그 이야기를 듣고서 도저히 그냥 있을 수가 없어 저 멀리 있던 그 ○요한이란 사람을 향해 큰 소리로 한마디 해줬다.

"네가 어둠이다, 네가 사탄이다"라고.

세상에 할 일이 없어서 고귀하신 예수님 이름을 갖고 우리 사회에서 가장 마음이 아프고 슬픈 사람들을 저주하는 데 사용한다는 것이 가당키나 한 일인가?

과연 그것이 기독교의 본질이란 말인가?

어찌하여 이 땅의 극우 기독교는 이토록 기독교의 본질에서 멀리 이탈했단 말인가?

어쩌다가 이 땅의 기독교는 이런 미친 짓을 서슴지 않고 행한단 말인가?

세상에 당연한 일은 없다

나는 2020년 12월 3일 오전 11시 20분에 의정부법원 고양시 지원에서 열린 전광훈 씨 모욕 관련 형사재판에 참석했다.

난생 처음으로 법원에 출두하여 재판을 받는 낯설고 불쾌한 경험이었다.

이 건은 2019년 10-11월 사이에 전광훈 씨가 광화문 등지에서 대규모 인원을 동원하여 개최한 반정부 집회의 위법성에 대해 내가 페이스북에서 비판한 것을 전 씨의 법률 대리인이 명예훼손과 모욕죄로 고소한 것을 둘러싼 재판이다.

당시 조사를 맡았던 경찰 수사관은 명예훼손과 모욕 혐의 모두에 대해 무혐의 결정을 내렸으나, 사건 담당 검사가 재조사를 요구하였고 결국 모욕죄가 인정되어 벌금 50만 원에 약식 기소된 사건이다.

본래 나는 검찰에 출두하게 되면 사태의 전후 맥락과 그런 발언을 하게 된 연유를 자세히 설명하려고 했으나 검찰이 약식 기소하는 바람에 담당 검사를 직접 대면할 기회를 잃어 억울한 면이 없지 않아 있었다.

또한 어찌 보면 벌금 50만 원은 큰돈이 아니었기 때문에 그냥 고분고분 납부를 하고 일상을 열심히 사는 것이 정식재판을 청구하여 많은 시간과 에너지를 허비하는 것보다 경제적으로 훨씬 더 이득이라는 것도 모르지 않았다.

그럼에도 나는 일부러 정식재판을 청구하였고 그 첫 재판 기일이 12월 3일이었던 것이다.

재판을 받는다는 소식을 들은 페이스북 친구들이 2900명 넘게 '좋아요'로 응원을 해줬고 수백 개의 격려성 댓글이 달렸다.

그중 어떤 이는 '당연히 이길 것'이라고 응원의 메시지를 보냈다.

모두들 자기 일처럼 생각해줘서 고맙기 그지없다.

하지만 그럼에도 이 세상에 '당연한' 일은 없다는 게 내 생각이다.

내가 약식 기소된 이 건에 대해 불편을 감수하고 정식재판을 신청한 이유는 단 한 가지다.

그것은 만약 내가 약식 기소된 벌금 50만 원을 인정하고 납부하면, 그다음에는 필경 전 씨 측에서 민사 손해배상 청구가 들어올 텐데, 나로서는 어렵게 고생해서 신학책 만들어 판 돈을 단 1원도 전광훈 같은 자에게 줄 수 없다는 확고한 철학을 갖고 있기 때문이다.

물론 더욱 근본적으로는 내 죄를 인정할 수 없기 때문이었다.

혹시라도 내가 어떤 일로 다른 사람에게 모욕을 줬다거나 명예를 훼손했다면 나는 그 죗값을 보상하기 위해 어떤 대가도 마다하지 않앗을 것이다.

하지만 각종 추문과 구설수 및 반사회적 행동으로 기독교의 위상과 체면을 땅에 떨어뜨리고 사회 혼란을 부추긴 전 씨 같은 사람 앞에서 고개를 숙일 수는 없는 노릇이다.

그런데 이런 내 신념과 의지를 관철하려면 각고의 노력을 해야 한다.

무엇보다 고소인과 검사의 주장을 무력화시켜야 하고, 판사가 내 주장에 동의하게끔 만들어야 한다.

이를 위해서는 정확한 법리에 근거하여 치밀한 논리를 전개해야 한다.

더욱이 재판이란 것은 오랜 시간 동안 진액을 쏟아내야만 하는 피곤한 일이다.

그러니 '당연히' 이기는 것은 없다.

그것은 50만 원을 아끼기 위해서 1000만 원 이상을 쏟아붓는 것과 같은, 경제적으로는 미련한 짓일 수 있다. 하지만 나는 기꺼이 그 길을 택한 것이다.

정녕 그렇다.

이 세상에 당연한 것은 없다.

아주 작은 성취와 성공, 승리와 영광에도 그 배후에는 상당한 한 땀과 눈물이 담겨 있다.

하물며 굽은 것을 바로 잡고, 악을 퇴치하며, 정의를 실현하는 일의 고달픔과 외로움에 대해서는 더더욱 말할 것도 없다.

그러니 '당연히'라는 말을 쉽게 꺼내지 말자.

따지고 보면 우리 모두는 누군가의 희생과 헌신에 기대어 그 이익을 편하게 향유하는 자들이다.

오늘 한국사회가 이만큼의 자유를 누릴 수 있는 까닭도 알고 보면 여기까지 오는 과정에서 수많은 사람들의 피와 눈물과 심지어 죽음이 있었기 때문에 가능한 일이다.

물론 우리가 오늘날 이 정도로 풍족하게 살고 있는 것도 마찬가지다.

따라서 이제부터는 그간 무심결에 당연하다라고 생각했던 일체의 것들에 대해서 기꺼이 고마운 마음을 가져보면 어떨까 싶다.

당연하지 않았던 것들을 당연한 것으로 만들기 위해 '사랑도 명예도 없이' 사라져간 수많은 무명 영웅들의 노고를 사무치게 기억하는 힘이 살아날수록 분명 우리 사회는 더욱 단단해질 것이다.

모두가 제 숨을 쉬며 살 수 있기를

『야훼의 밤』 등으로 널리 알려진 소설가이자 숭실대학교 문예창작과 교수를 역임한 조성기 선생의 페이스북 계정에서 이런 글을 읽은 적이 있다.

그는 10년 전 어느 호흡법의 대가가 쓴 책을 읽고 그때부터 꾸준히 호흡법을 연습해서 상당한 효과를 봤다고 한다.

가령 처음에는 배를 등에 붙인 채 10초간 숨을 들이마시고, 10초간 숨을 참은 다음, 다시 10초간 숨을 내쉬는 것이다.

이렇게 하면 한 번 숨을 마시고 뱉는 데 총 30초의 시간이 걸린다.

계속 이런 식으로 연습을 해서 15초, 20초 등으로 1회 호흡 시간을 늘려가는 것이다.

꾸준히 호흡법을 연습하여 만약 1분에 1회의 호흡이 가능하게 되면 그때부턴 어떤 경지에 오르는 체험을 할 수 있다고 한다.

조성기 선생의 말로는, 호흡법 저자가 말한 그대로 따라 했더니 고작(?) 10초 정도씩 반복해서 호흡을 했는데도 당장 침이 맑아지고 몸이 가벼워지는 경험을 했다고 한다.

그런데 10년의 세월이 지난 이즈음에 앞서 말한 호흡 전문가가 새로운 책을 출판했다고 해서 혹 그동안 무슨 새로운 비법을 터득했는가 하는 기대를 갖고 책을 사서 읽어보니, 거기에는 참으로 충격적인 내용이 적혀 있었단다.

그 내용을 간단히 요약하면, 저자가 참으로 오랜 세월 동안 다방면으로 호흡법을 연습해보았더니 결국은 그냥 자연스럽게 숨을 쉬는 게 제일 좋다는 것이었다.

정말 그렇다.

가장 좋은 인생은 자연스럽게 사는 것이다.

모두들 젊었을 때는 신박하게 사는 비법을 터득하고자 용을 쓰지만, 나이를 먹어가면서 어느 순간 깨닫게 되는 것은 '소박하게' 그리고 '자연스럽게' 사는 것이 최고의 삶임을 깨우치게 된다.

그러니 너무 어떤 경지에 오르려고 과도한 힘을 쓸 까닭이 없다.

따지고 보면 '경지'보다 더 좋은 것이 '평지'다.

성공하고 싶은가?

그럼 자연스럽게 살면 된다.

소박하고 평범하게 살면 된다.

남의 숨을 흉내 내느라 헐떡거리며 가쁘게 살지 말고,
편안히 자신의 숨을 쉬며 살면 된다.
정녕 제 숨을 쉬며 사는 게 행복의 첩경이다.

교정의 의미

책을 교정본다는 것은 어떤 독자보다 먼저 원고를 본다는 특권과 함께,

그 원고를 제대로 모양을 갖춰 세상에 선보여야 한다는 중압감을 느끼는 고된 작업이다.

특히 두꺼운 분량의 전문 서적 혹은 학술 서적을 교정보는 일은 독자들이 예상하는 것보다 훨씬 더 많은 인내와 수고가 요구된다.

예컨대 300쪽 분량의 책을 교정보는 데 필요한 에너지가 1이라면,

600쪽의 원고를 교정보는 데 소모되는 에너지는 2가 아니라 4고,

900쪽의 원고를 위해 쏟아부어야 하는 에너지는 6이 아니라 8쯤 된다.

그래서 우리처럼 전문 서적을 편집하는 직업을 가진 이들은 몸과 마음의 건강 관리가 필수다.

가끔 이런 상상을 해본다.

아니, 이루어질 수 없는 상상이란 점에서 공상, 더 나아가 망상에 빠져본다.

예컨대 원고지에 손을 얹고 안수기도를 하면,

글자가 저절로 정렬이 되면 얼마나 좋을까,

오탈자가 스스로 교정이 되면 얼마나 좋을까,

비문이 매끄럽게 윤문이 되고, 오역이 바로 잡히면 얼마나 좋을까 하는 상상 말이다.

하지만 제 아무리 영력(?)이 좋은 사람도 그런 기도는 할 수 없다.

영력이 아니라 '염력'이 좋은 사람일지라도 종이 위에 새겨진 활자를 강제로 끄집어내어 공중부양 상태에서 헤쳐 모여 시킬 수는 없는 노릇이다.

그렇다면 우리 같은 편집자에게 기도란 무슨 의미가 있을까?

기도에 별다른 신통방통한 힘이 없다면 대체 나는 그리고 우리는 왜 기도를 하는 것일까?

그것은 지난하고 고통스런 교정 작업 가운데서, 교회를 위해 꼭 필요한 전문 서적을 취급하는 고통스런 교정 작업에 맞서 본연의 소명감을 잃지 않도록 마음을 붙잡아 달라고 간구하는 것이며,

섬세한 안목과 예리한 감각을 갖고 보다 더욱 정확하게 책을 만들어낼 수 있는 지혜와 용기를 주십사 간구하는 것이다.

이렇듯 기도란 현실 세계 속으로 신의 힘을 막무가내로 끌고 들어

와서 내 편의와 욕망을 성취하는 것이 아니다.

오히려 현실에서 내가 수행해야 할 책임을 올곧게 감당할 수 있는 바른 태도를 구하는 것이다.

곧 기도란 신의 이름을 빌려 내 책임을 떠넘기고 방기하는 것이 아니라, 신 앞에서 내 삶을 책임 있게 살아내는 자세다.

그것은 시간 안에 영원의 가치와 의미를 주조하는 행위다.

즉 기도는 영원의 시선으로 시간의 활자를 교정하는 것이다.

2047년까지

어느 분이 새물결플러스 정기독자를 신청하면서 아예 2047년까지 은행 계좌의 자동 이체를 설정했다고 연락을 해왔다.

2027년도 아니고, 2037년도 아니라, 무려 2047년까지 말이다.

즉 지금부터 무려 26년 후까지 자동으로 계좌 이체를 걸어놓은 것이다.

그분이 말하길, 한국교회를 위해서 2047년도까지는 무슨 일이 있어도 절대로 새물결플러스가 망하지 말고 버텨야 한다는 것이었다.

(왜 하필 2047년인지는 잘 모르겠다.)

그 이야기를 나누면서 우리 직원들 얼굴이 하얗게 변했다.

그 말인즉슨,

1956년생인 직원 A는 92세까지 건강하게 살면서 도서 포장 발송 작업을 해야 하고,

1958년생인 직원 B는 90세까지 영상 촬영과 식사 준비를 해야 하며,

1962년생인 직원 C는 86세까지 커피를 내려야 하고,

1963년생인 직원 D는 노안을 무릅쓰고 교정을 봐야 한다는 뜻이다.

그 외에도 모든 직원들이 최소한 60세 전후까지 잘 버티면서 편집과 디자인 작업을 해야 한다.

그러니 어찌 얼굴이 하얘지지 않을 수가 있겠는가.

이 독자분이 얼마나 새물결플러스를 아끼셨으면 그런 통 큰 결정을 하셨을까 싶으면서도, 2047년이 주는 숫자의 무게감이 여간 만만치 않다는 점은 부인하기 어렵다.

가히 그 숫자만으로도 종말론적이라고 하지 않을 수 없다.

그래, 기왕지사 이렇게 된 것, 2047년까지 한국교회도 무너지지 말고, 새물결플러스도 문 닫지 말고, 서로 응원하며 동역하면서 힘을 내보자꾸나.

이번이 진짜 마지막 책입니다

지금까지 우리 회사에서 가장 많은 책을 낸 저자는 단연코 조직신학자 김균진 교수님이다.

현재까지 700-900쪽 내외로 이루어진 10권의 책을 출판했다.

그리고 앞으로도 최소 한 권 이상이 예약(?)되어 있다.

그중 절반 이상의 책이 정년 퇴임 이후에 쓰신 것이니 정말 대단한 열정과 노력이 아니면 불가능한 일이다.

나는 오래전 연세대학교 연합신학대학원에서 조직신학을 전공하면서 김균진 교수님을 처음 만났다.

매우 보수적인 신학교에서 신학을 공부하고 목사 안수를 받은 사람이 소위 자유주의 혹은 진보 신학의 메카라 할 수 있는 연세대학교에서 신학을 공부하려는 마음을 먹게 된 사연은 이렇다. 당시 나는 시민 사회와 분리된 채 점점 더 게토화되어가는 한국 개신교의 모습을 보면서 다양한 이론과 신념이 공존하는 대학 사회에서 신학이 어떤 역할을 수행하는지를 엿보고 배우고 싶었다. (하지만 나는 연세대학교에서 애초의 바람을 거의 이루지 못했다.)

그때 조직신학을 전공하면서 김균진 교수님의 수업을 몇 차례 수강한 일이 그분과의 인연이 시작된 계기였다.

기억을 되살려보면, 당시 수업 시간마다 나는 김 교수님과 심한 논쟁을 벌이곤 했다.

가령 김 교수님이 강의 중에 '우리가 기도를 한다고 과연 하나님이 들어주실까요?' 혹은 '천국이 진짜로 있을까요?' 등등의 화두를 던지면 그에 맞서 내가 조목조목 반박하는 일이 되풀이되었다.

처음부터 연세대학교에서 신학을 공부한 학생들은 이런 말에 익숙한 듯 별로 개의치 않는 눈치였지만, 나처럼 보수적인 신학교에서 공부를 한 사람의 눈에는 김 교수님의 강의 내용이 불온해 보였던 것이 사실이다.

그래서 나는 건방질 정도로 수업 시간마다 꼬박꼬박 말대꾸를 하거나 반대 의견을 거침없이 제출했다.

솔직히 입장을 바꿔놓고 생각해보면, 선생의 처지에서 학생이 말끝마다 꼬투리를 잡으니 속으로 얼마나 얄밉고 불편했을까 싶다.

그렇지만 오히려 우리 두 사람의 관계는 시간이 갈수록 더 돈독해졌다.

그 비결은? 매 수업 시간이 끝날 때마다 내가 양손에 커피나 오렌지 주스 등을 사 들고서 교수님 연구실로 찾아가 기분을 풀어드렸기 때문이다.

비록 수업 시간에는 서로 얼굴을 붉혀가며 논쟁을 했더라도, 강의실 밖에서는 스승에 대한 예의를 나름 깍듯하게 지켰기 때문이다.

그런 노력이 있었기 때문에 훗날 김 교수님의 저작 전집을 새물결플러스에서 출판하고 싶다고 말씀드렸을 때 흔쾌히 허락을 해주셨다.

김균진 교수님은 대학에서 30년 이상 가르치실 때도 명예나 감투 등에 일절 관심을 안 보이시고 오로지 연구와 저술에만 몰두하셨다.

정년퇴임 이후에도 오전 8시부터 12시까지는 독서와 연구에 매진하느라 아예 전화기를 꺼놓고 지내신다.

그런 엄격한 자기 관리가 뒷받침되었기 때문에 지금껏 수많은 학술 서적을 저술할 수 있었던 것이다.

김균진 교수님이 연구와 저술 활동을 통해 한국 사회와 교회에 기여해야겠다고 구체적으로 결심하게 된 것은 1970년대 초반 독일에서 유학하던 때부터였다고 한다.

당시 튀빙겐 대학 도서관을 가득 채운 엄청난 규모의 학술서적들을 접할 때마다 '독일의 힘이 바로 이 책들에 있구나'라는 생각을 굳히게 되었고, 본인도 장차 학위를 마치고 귀국하면 신학과 철학 분야의 전문 서적을 저술하여 한국 사회에 이바지해야겠다는 꿈을 키우셨다고 한다.

사실 나이를 먹어가면서 오롯이 연구와 저술 활동에 전념하기는 것은 말처럼 쉽지 않다.

내 주변을 보면 수많은 학자들이 50대 중반만 되어도 손에서 책을 놓고 교수 사회 안의 정치 활동에 더 열심을 내는 경우가 흔하다.

가장 큰 이유가 50대만 되어도 '노안' 때문에 책을 읽기가 힘들기 때문이라고 한다.

물론 점점 더 약해지는 체력도 학자들의 생명을 갉아먹는 큰 요인으로 작용한다.

그런데 김균진 교수님의 경우 오히려 은퇴 이후에 더 왕성한 집필을 하고 계시니 그것이 말처럼 쉬운 일이 아니라는 점을 아는 사람 입장에서는 존경하지 않을 수가 없다.

단 한 권이라도 책을 써본 사람이라면 누구나 공감하겠지만 700쪽 이상의 학술 서적을 연달아 펴낸다는 것은 상상 이상의 고통과 인내가 동반되는 일이다.

그동안 김 교수님의 저작들을 출판하면서 가장 기억에 남는 단어를 하나 꼽으라면 '마지막'이란 말이 떠오른다.

김 교수님이 2018년에 독일의 종교개혁가 마르틴 루터에 관한 두툼한 원고를 보내시면서 "이 책을 쓰느라 너무 힘들어서 진이 다 빠졌다"며 "앞으로는 더 이상 책을 쓸 수 없을 것 같다"고 고백하셨던 적이 있다.

즉 루터의 종교개혁 관련 책이 당신 인생의 마지막 책이 될 것이란 말씀이셨다.

나는 속으로 '얼마나 힘드셨으면 저런 말씀을 다 하실까'라고 생각하면서 존경하는 선생님의 마지막 저작을 심혈을 기울여 만들었다.

그렇게 해서 탄생한『루터의 종교개혁』은 815쪽 분량으로 2018년 10월 12일에 출판되었고, 2019년에 기독교출판문화 영예의 '대상'을 수상했다.

그런데 2019년 어느 날 김균진 교수님이 또다시 새로운 원고를 보내셨다.

이번에는『기독교 신학 5권: 종말론』원고였다.

김 교수님은 종말론 책을 새로 쓰시느라 너무 고생이 심해서 이제는 진짜 더 이상 아무 일도 할 수 없다며 이 책이 본인 인생의 마지막 저작이라고 힘주어 말씀하셨다.

또 그렇게 해서 2020년 7월 24일에 748쪽 분량의『기독교 신학 5권』이 세상에 모습을 드러냈다.

하지만 그게 끝이 아니었다.

2020년 초에 김균진 교수님이 느닷없이 새로운 원고를 또 보내셨다. 이번에는 본인이 독일 유학 시절 천착했던 철학자 겸 신학자인 헤겔에 관한 연구서였다.

이번에도 김 교수님은 난해하기로 악명이 높은 헤겔의 방대한 저작들을 자세히 분석하고 평가하느라 너무 진액을 쏟아 서 있을 힘조

차 없다며 이 책이 진짜 마지막 저작이라고 힘주어 강조했다.

김 교수님의 바람을 따라 『헤겔의 역사철학』은 헤겔 탄생 250주년을 기념하고자 2020년 11월 20일에 779쪽 분량으로 출판되었다.

그리고 지금 김균진 교수님은 또다시 새로운 도전을 진행 중인데, 다음 책은 '헤겔 좌파' 연구서로서 헤겔 이후의 굵직한 철학자 및 신학자들에 대한 종합적 연구를 담고 있다고 한다. 나는 과연 언제쯤 김 교수님의 '마지막 책'이란 약속이 정말로 지켜질지 궁금하면서도, 그러나 간절히 바라기는 교수님이 부디 오랫동안 건강하게 사시면서 후학들을 위한 사표 노릇을 해주십사 하는 것이다.

노인들이 조롱거리와 부담거리가 된 오늘의 세상에서 나이를 먹을수록 자신의 존엄성은 결국 스스로 지켜가는 것임을, 나는 존경하는 스승님을 통해 여실히 배운다.

친구야, 미안하다, 용서해다오

2020년 10월에 새물결플러스 일시독자 이벤트를 진행하면서 나는 신청자들 중에 낯익은 이름이 적혀 있는 것을 보고 '화들짝' 놀랐다.

그 신청자는 나와 중학교 1학년 때 같은 반이었던 급우였다.

당시 아주 가깝게 지낸 사이는 아니었으나 분명 중학교 동기 동창이 맞았다.

이름, 주소, 직업 모두 그 친구가 확실했다.

내가 무려 37년 가까운 세월 동안 이 친구의 신상 명세를 잊지 못한 까닭은, 사실 나의 오랜 죄책감 때문이다.

내 기억이 맞는다면, 아마 중학교 3학년 때였을 것이다.

하루는 점심시간에 운동장에서 동기생들과 어울려 놀다가 옆 반 학생 하나가 괜히 '이죽거리는(?)' 것을 못 참고 한 대 쥐어팬 적이 있었다.

순간적으로 화가 나서 그에게 발길질을 하긴 했으나 즉시 극심한 후회가 밀려왔다.

왜냐하면 나는 중학생이던 당시 나보다 약한 사람하고는 절대 안 싸운다 혹은 안 때린다는 대원칙을 철저히 지켰는데, 그날은 나도 모르게 순간적인 혈기를 참지 못하고 나보다 약한 친구에게 폭력을 행사했기 때문이다.

비록 그 자리에서는 '네가 이죽거리다 맞은 거야'라며 아무런 사과 없이 그냥 넘어갔지만, 그때 그 사건은 지난 37년 동안 내 마음 한구석에서 나의 양심을 찌르고 쪼개며 괴롭혔던 문제였다.

그런데 그날 나한테 한 대 맞은 친구가 새물결플러스 일시 독자를 신청한 것이다.

신청자의 신상 명세를 몇 번을 뒤집어 봐도 그 친구가 분명했다.

그 순간 내가 얼마나 당황스러웠는지,

그리고 얼마나 고맙고 미안했는지 모른다.

지금은 인천의 어느 동네에서 약국을 운영하는 이 친구가 37년 전 내게 살짝 맞았던 한 대를 새까맣게 잊어버려서 그런 건지, 아니면 똑똑히 기억하고 있음에도 그랬는지는 모르지만, 아무튼 친구야, 책을 사줘서 진짜로 미안하고 고맙데이.

벽돌 책의 또 다른 효능

새물결플러스는 2008년 12월에 첫 책을 낸 이래 2020년 12월까지 대략 350권 가까운 책을 출판했다.

그중 1/3가량의 도서가 600쪽 이상의 전문 학술서적이며, 그것들 대부분은 하드커버로 만든 도서다.

새물결플러스를 사랑하고 아끼는 독자들은 두껍고 단단한 하드커버로 된 우리 책들을 가리켜 일명 '벽돌 책'이라 부른다.

쉽게 말해 책의 두께가 벽돌 사이즈와 비슷하단 이야기다.

어떤 독자들은 그 벽돌 책을 베개 대신 사용하면 제격이란 말도 하고, 또 어떤 분들은 망치 대신에 사용하면 효과 만점이라는 우스갯소리를 하기도 한다.

물론 현실에서는 실행이 불가능한 농담들이다.

그런데 한번은 우리 책이 전혀 예상치 못했던 뜻밖의 기능을 한 사건이 실제로 일어났다.

경기도 화성 봉담에 거주하는 정기독자 한 분이 우리 책을 회사 사무실 벽에 가득 쌓아두었는데, 하루는 사무실 벽 안쪽의 방에서 화재가 발생한 것이다.

그런데 불길이 맹렬한 기세로 벽 안쪽 공간을 다 태우고 이쪽 사무실로 넘어오려는 순간 천장 높이까지 쌓인 두꺼운 벽돌 책들이 그 불길을 가로막은 덕분에, 그사이 소방서에서 출동하여 화재를 진압할 수 있었다고 한다.

나는 그 독자분에게서 처음 그 이야기를 전해 듣고는 '설마, 책이 아무리 두껍기로서니 그렇다고 어떻게 화재를 지연시키나'라고 생각했는데, 호기심에 진짜로 실험을 해보니 두꺼운 하드커버 도서가 한데 뭉쳐 있는 경우 소방차가 현장에 출동하는 데 필요한 만큼 불길이 번지는 것을 지연시킬 수 있다는 사실을 확인하였다.

그렇게 해서 새물결플러스의 두꺼운 신학책들이 한 가족의 사업장과 인명을 지킬 수 있었다는, 전설 같은 실화가 있어서 굳이 여기에 소개한다.

(본문의 주인공은 경기 남부 지역에서 건축업을 하는 독자다. 사실 그는 일 년 내내 수많은 공사 현장에 매여 살기 때문에 책을 읽을 시간이 전혀 없다. 그럼에도 한국교회를 위해서 양질의 신학 서적이 계속 공급되었으면 바람으로 우리 출판사의 정기독자를 신청했던 것이다. 아마도 하나님께서 그 선한 마음을 어여쁘게 여기셔서 화재의 위험에서 피할 길을 주시지 않았을까 추측해본다.)

함께 밥을 먹는다는 것의 의미

회사를 영등포구 당산동에서 마포구 아현동으로 옮긴 직후 직원 두 사람과 함께 '막창'을 먹으러 간 일이 있다.

아마 그날 함께 식사를 했던 직원 한 사람이 먼저 '막창'을 먹자고 제안했던 것으로 기억한다.

나는 오래전 동료 목사 몇 사람에게 억지로 이끌려 '곱창'을 딱 한 번 먹어본 일이 있다.

그때 곱창을 처음이자 마지막으로 먹은 느낌은 '나쁘지 않네'였다.

그래서 막창도 비슷할 것이라 생각하고 흔쾌히 응했던 것이다.

과거 얼떨결에 곱창을 먹어보긴 했으나 사실 나는 곱창이 정확히 어떤 재료로 만든 음식인지에 대해서는 이제껏 관심조차 두지 않았다.

따라서 막창이 무슨 음식인지를 알 까닭이 만무했다.

그날 나는 생애 처음으로 막창이 정확히 어떤 음식인지 알게 되었다.

곱창은 소와 돼지의 소장 부위로 만든 음식이다.

막창은 소와 돼지의 각기 다른 부위를 말한다.

소의 경우 위가 네 개 있는데, 제1위를 '양'이라 부르고, 제2위를 '벌집 양'이라 하며, 제3위를 '처녑'이라 한다.

막창은 제4위를 가리키는 용어다.

이에 반해 돼지의 막창은 창자의 가장 마지막 부분 곧 직장 부위를 뜻한다.

아무튼 생애 처음으로 막창구이를 접한 내 느낌은 '이 음식은 나와 도저히 안 맞는구나'였다. 그래서 딱 한 점을 입에 넣고는 두 번 다시 손을 대지 않았다.

하지만 내 앞의 두 사람은 달랐다.

두 사람은 제법 맛있는 표정으로 쉼 없이 막창 요리를 입으로 가져갔다.

그 모습을 보면서 내가 한마디 했다.

"오늘 고기는 제가 책임지고 굽겠습니다."

그리고 나는 정성스럽게 고기를 구워 상대의 앞 접시에 가지런히 올려주었고, 회사 동료 두 사람은 잘 구워진 막창을 행복한 표정으로 입에 가져갔다.

나는 두 사람이 맛있게 식사를 하는 모습을 지켜보는 것만으로도 너무 '행복'했다.

그때 잠시나마 혼자 이런 생각을 해봤다.

아마 내가 젊었을 때라면 절대로 이런 모습이 연출될 수 없었을 것이다.

내가 좀 더 젊었더라면, 분명 나의 가장 큰 관심사는 '어떻게 하면 내가 좋아하는 음식을 먹을 수 있냐'에 초점이 맞춰졌으리라.

내가 좋아하는 음식을, 다른 누구보다 내가 더 많이 먹어야 행복했을 것이다.

하지만 조금씩 나이가 들어가니, 나보다는 다른 사람이 행복한 것이 뿌듯하게 느껴질 때가 점점 더 많아진다.

오늘이 바로 그런 날이다. 그런 생각을 해봤다.

세상에서 가장 맛있는 음식은 '함께 먹는 식사'다.

그중에서도 상대방이 맛있게 먹는 식사가 가장 근사한 식사다.

그러고 보면 모든 행복한 식사의 뿌리에는 '어머니의 마음'이 잇닿아 있다.

왜냐하면 이 세상 모든 어머니의 심정은 자신이 정성스럽게 차린 식사를 사랑하는 누군가가 맛있게 먹는 것이기 때문이다.

부디 나의 생애가 끝날 때까지 오늘도, 내일도, 그다음 날도 계속 누군가를 위해 맛있는 음식을 접대하는 심정으로 살아갈 수 있다면 얼마나 좋을까.

오후 6시 30분에 먹는 아침 식사

30사단 92여단에서 군종장교로 근무할 때 이야기다.

매주 주일마다 꼬박 다섯 번의 예배를 인도해야 했다.

아침 8시에 고양시 화정의 집에서 출발하여 9시에 장흥에 있는 53 전차 대대에서 첫 예배를 인도하고, 11시에는 송추의 여단 본부에서 예배를 드린 후, 2시에 벽제의 1군단 탄약고에서 예배를 드리고, 4시에는 파주의 29전차 대대에서 예배를 집전한 다음 다시 저녁 7시에 여단 본부로 돌아와서 저녁 예배를 드리면 주일 하루가 끝났다.

이런 식으로 주일에 5개 부대를 돌면 자동차 주행거리판에 약 150 킬로미터가 찍혔다.

운이 좋은 날은 중간에 빵이나 초코파이로 요기를 때울 수 있었지만 대개는 그럴 시간도 없었다.

특히 여름에는 송추, 장흥, 벽제, 파주 일대로 나들이를 나온 향락객들이 넘쳐나 도로가 막히기 일쑤여서 빠듯한 예배 시간에 맞춰 부지런히 이동을 하려면 종일 밥을 굶는 일이 예사였다.

더욱이 전방 군인교회의 음향 시설이란 것이 워낙 후졌기 때문에 매번 거의 육성에 의지하여 찬송을 인도하고 설교를 하고 나면 그만큼 힘들었다.

당시 오후 5시 15분 무렵에 파주의 29전차 대대를 출발해서 통일로를 달려 송추 삼거리에 도착하면 6시 25분쯤 되었다.

그다음 송추 삼거리에 있는 어느 갈비 전문점에 들려 시원한 물냉면을 한 그릇 시켜서 후르르 마시다시피 목구멍으로 넘기면 6시 40분 내외였다.

식당에서 나와 서둘러 차를 몰면 본부 교회 7시 저녁 예배 시간에 늦지 않게 도착할 수 있었다.

하루 종일 빈속으로 지내다가 저녁 6시 30분에 아침 겸 저녁으로 먹는 물냉면이 어찌나 맛있던지, 시쳇말로 둘이 먹다가 하나가 죽어도 모를 정도였다.

태어나서 그렇게 맛있는 물냉면은 처음이었다.

아마 그 물냉면이 없었다면 고단한 주일 일과를 감당할 길이 없었을지도 모른다.

그런데 몇 년 후 군대를 제대하고 나서 불현듯 그때 먹었던 물냉면이 그리워 일부러 송추 삼거리의 그 고기 전문점을 찾은 적이 있었다.

그리움에 사무쳐 떡하니 물냉면 한 그릇을 시켰는데, 아뿔싸 예전에 먹던 물냉면 맛이 아니었다.

시원하고 깔끔한 맛은 사라지고 단순하고 밍밍하기 짝이 없었다.

사실 그 집의 물냉면 맛이 변한 것은 아니었다.

내가 더 이상 절실할 정도로 배가 고프지 않았다는 것이 유일한 차이점이다.

그러고 보면 세상에서 가장 맛있는 음식은 시장할 때 먹는 것이 분명하다.

차라리 후일 다시 그 집을 찾지 말고, 군 생활할 때 먹었던 그 물냉면 맛을 소중한 추억으로 간직했더라면 더 좋았을 것을, 지금도 후회가 된다.

주일을 행복하게 보내는 법

내가 주변 사람들로부터 가장 많이 듣는 이야기 중 하나가 '언제 다시 목회를 재개할 것'인지에 관한 질문이다.

교회에 대한 고민과 환멸이 워낙 깊어진 시대다 보니 이런 문제로 방황하는 신자들이 많아진 것이 사실이고, 사람 보는 눈이 엷은 분들이 괜히 나한테까지 그런 질문을 던지는 것이 아닌가 싶다.

목회를 다시 해볼 생각이 없느냐는 질문을 받을 때마다, 나는 약간의 능청을 떨면서 이 문제의 예봉을 피하곤 한다.

가령 "내가 정말 목회를 해보고 싶은 교회는 15명 정도 모이는 교회인데, 현재 나와 함께 신앙생활을 하고 싶다는 희망자가 17명이어서 그 두 사람 때문에 아직 결정을 못하고 있어요"라는 식이다.

그럼 내가 교회를 개척하면 삽시간에 수백 명쯤 모일 것이라고 오판하는 사람들이 15명이란 숫자에 어이를 상실하고 더 이상 그 문제를 재론하지 않는다.

참으로 다행이다.

내가 이상적인 교회의 신도 수를 15명쯤이라고 생각하는 이유는, 그 정도의 숫자가 모여야 깊은 예배, 깊은 기도, 깊은 교제가 가능하다고 판단하기 때문이다.

이는 그냥 소위 나의 뇌피셜이 아니라 오랜 경험에서 비롯된 데이터라고 할 수 있다.

사실 평이한 능력을 가진 한 사람의 목사가 제대로 된 목양을 하려면 15명도 많으면 많았지 결코 적은 숫자가 아니다.

하지만 슬프게도 우리네 현실에서 15명이 모이는 교회를 담임하는 목사들은 목회에 실패한 사람 취급받기 일쑤다.

최근에 나는 아주 아주 행복한 주일을 보낸 경험이 있다.

어느 주일에 총 5명의 방문자가 우리 회사를 다녀갔는데, 점심에 한 팀, 오후 늦게 한 팀이 다녀갔다.

두 쌍의 부부와 아내 혼자 온 집을 포함하여 도합 5명이었다.

그날 나는 미리 정성스럽게 준비한 과일을 내놨고, 향이 깊은 커피를 내렸으며, 한 사람 한 사람의 이야기를 오랫동안 경청해주었고, 긴 시간에 걸쳐 간곡하게 축복 기도를 해주었다.

그리고 저녁때까지 남은 사람들을 위해서는 보기만 해도 침이 꿀꺽 넘어가는 해물 라면을 끓여서 함께 맛있게 먹었다.

만남이 파하고 돌아가는 사람들의 얼굴에는 행복이 가득했고, 그 모습을 보는 나 역시 충만한 보람으로 가슴이 사르르 녹았다.

예전에 나는 수천 명, 수백 명이 모이는 교회에서도 목회를 해봤지만 주일날은 늘 정신없이 바쁘고 피곤하고 신경이 곤두서는 날이었지, 최소한 행복한 날은 아니었다.

주일에 모든 에너지를 다 쏟아붓고 나면 월요일은 파김치가 되어 마치 전장에서 팔다리를 잃은 패잔병처럼 오전 내내 멍하니 누워 있을 때도 많았다.

하지만 목회를 그만둔 요즘은 다르다.

위에서 언급한 것처럼 어느 주일에는 단 한 사람을 위해, 또 어느 주일에는 세 사람 혹은 다섯 사람을 위해 나의 모든 에너지를 쏟아붓는다.

그리고 피차간에 큰 만족감을 느끼며 헤어진다.

그렇게 보면 주일 하루에 15명의 영혼을 섬기는 것은 결코 쉽지 않은 일이다.

물론 내가 주일을 이렇게 보낼 수 있는 까닭은, 월요일부터 토요일까지 교회 일 외에도 할 수 있는 '직업'이 있기 때문이다.

바꿔 말하면, 오로지 교회를 통해서만 나의 존재 가치를 확인하거나 증명하지 않아도 되기 때문이다.

교회가 아니어도 나의 생계유지가 미약하나마 가능하고, 나의 자아를 실현할 수 있다.

하지만 꼭 그것 때문에 주일을 행복하게 보낼 수 있는 것은 아니다.

내가 과거에 담임 목회를 할 때보다 지금 더 주일을 보람차게 보낼 수 있는 이유는, 비로소 단 한 사람의 존재를 고귀하게 대하는 '눈'을 떴기 때문이다.

한 사람을 위하여 하루를 온전히 투자할 수 있는 마음의 여유가 생겼기 때문이다.

무엇보다 형식이라는 굴레에서 벗어났고 숫자라는 우상에서 해방되었기 때문이다.

어느 방송 프로그램 제목을 패러디해서 표현한다면 요즘 '나는 자유인이다.'

내가 누리는 자유만큼 나는 행복한 셈이다.

신학은 학문의 여왕인가, 아니면 토대인가?

1993년에 잠깐 동안 네덜란드에서 생활한 적이 있다.

당시 총신신학대학원에서 신학을 공부하면서 밑바닥이 보이지 않는 교단의 횡포와 부패, 연일 계속되는 학내 분규 사태, 지적인 호기심을 전혀 충족시켜주지 못하는 무료하고 지루한 강의에 극도의 염증을 느낀 나는 3학년 1학기를 마치고 자퇴서를 제출한 후, 고(故) 이정석 목사님의 초청으로 네덜란드행 비행기에 몸을 실었다.

네덜란드에 도착하자마자 이정석 목사님 가족과 함께 유럽 전역을 여행하는 호사를 누렸고, 소위 칼뱅주의 전통이 여전히 곳곳에 배어 있는 네덜란드의 풍취를 맛볼 수 있었다.

이정석 목사님은 박사 학위 논문을 마무리하느라 몹시 바쁜 와중에도 불구하고, 혹시라도 내가 신학 수업을 진짜로 중단하고 진로를 다른 쪽으로 틀까 봐 염려하시면서 지친 나를 위로해주기 위해 세심하게 신경을 써주셨다.

하루는 이정석 목사님과 함께 암스테르담에 있는 자유대학을 방문했다.

주지하듯 자유대학은 유명한 칼뱅주의 정치가 겸 언론인이자 신학자인 아브라함 카이퍼가 삶의 모든 영역에서 예수 그리스도의 주권을 실현할 목적으로 세운 대학이다.

자유대학의 본관은 15층으로 되어 있었고, 저층에는 공대와 자연과학부가, 중상층에는 인문학부가, 그리고 14층에는 철학부, 15층에는 신학부가 자리하고 있었다.

그렇게 배치한 이유는 자유대학을 세울 당시만 해도 철학과 신학이 모든 학문의 여왕이라는 확고한 이념이 있었기 때문이다.

문제는 오늘날 더 이상 신학과 철학이 학문의 제왕 자리를 점유하지도 못할뿐더러, 자유대학 본관 건물의 엘리베이터가 너무 낡고 좁아서 위층으로 올라가는 학과일수록 극심한 불편을 겪고 있다고 한다.

그때 자유대학에서 만났던 조직신학자 한 사람이 이런 저간의 사정을 설명해주면서, 요즘은 철학부와 신학부 교수들이 학교 당국을 상대로 '철학과 신학이 모든 학문의 기초가 되어야 하니 제발 저층으로 옮길 수 있게 해달라고 사정한다'며 호탕하게 웃던 기억이 생생하다.

독자 여러분께서는 어떻게 생각하시는가?

신학이 학문의 여왕인가 또는 토대인가? 아니면 이런 질문 자체가 공허한 것인가?

교회를 중심으로 살아가는 사람들은 당연히 신학이 가장 중요한 학문 내지 삶의 원리라고 생각할 것이다.

그러나 세상 한복판에서 굵고 뜨거운 땀방울을 흘리며 살고 있는 사람들에게, 신학이란 것은 고작 (비유컨대) 성균관의 유교만큼이나 낡고 진부한 것으로 여겨질 것이다.

우리 그리스도인이 세상과 교회를 날카롭게 나누고, 교회에 훨씬 더 상위의 가치를 부여할수록 어쩌면 그 사람은 '근대 이전'을 살아가고 있을지도 모를 일이다.

그럼에도 굳이 나에게 신학이 학문의 여왕인지 토대인지를 묻는다면, 나는 후자라고 답하고 싶다.

물론 여기서 말하는 신학이란 직업적인 신학자들이 논하는 형이상학적 지식 체계로서의 이론 나부랭이가 아니라, 모든 그리스도인이 자신의 직업과 삶을 성서적 원리에 빗대어 관조하고 성찰할 수 있는 정신적 힘을 말한다.

지금은 이런 신학적 토대가 모든 그리스도인들에게 절실히 필요한 때다.

뭣이 더 중한디?

2016년, 어느 기독교 언론 단체의 초청을 받아 신입 기자들 트레이닝 모임에 참석한 일이 있었다.

국내 기독교 계통의 방송사 및 신문사 소속의 입사 1-3년차인 기자들을 상대로 '바람직한 기독 언론인 상(像)'을 강의하는 자리였다.

두 사람이 메인 강사로 초청을 받았는데, 한 분은 유명 방송사에서 수십 년간 앵커 생활을 하다가 뒤늦게 회심하여 목사가 된 분이었고, 다른 한 사람이 나였다.

각자가 준비한 발제를 한 후 종합 토론이 이어졌다.

전직 앵커 출신의 목사님은 초짜 기자들을 상대로 시종일관 "언론에는 아무 소망이 없습니다. 생각해보십시오, 제가 오랜 기간 몸담았던 언론의 속성과 현실을 얼마나 잘 알겠습니까! 분명히 말씀드리건대 언론에는 어떤 소망도 없습니다. 오히려 우리가 참 소망을 두어야 할 곳은 기독교입니다. 교회가 올바른 복음을 선포하고 실천할 때 비로소 세상에 소망이 있습니다"라고 사자후를 토했다.

본인이 오랫동안 언론계에 종사하면서 나름 유명세도 얻고 성공도 해봤지만 그 바닥이 얼마나 더럽고 음습한지를 잘 알고 있기에 그런 말을 하셨을 것이다.

나는 그에 맞서 "제가 50년 가까이 교회를 다녀봤는데, 교회에는 소망이 없습니다. 여러분은 목사들의 세계가 얼마나 더러운지 잘 모르실 겁니다. 오히려 언론이 정신을 차리고 우리 사회가 맑고 밝아질 수 있도록 제 역할을 수행할 때 비로소 소망이 있습니다"라고 핏대를 올렸다.

글쎄, 누구의 말이 맞을까? 사실 둘 다 맞는 말이다.

교회가 교회다워질 때, 언론이 언론다워질 때 한국 사회가 더 맑고 향기로워질 것이다.

하지만 정작 현실은 어떤가? 한쪽에서는 교회가 시궁창 역할을 하고, 다른 쪽에서는 언론이 시궁창 역할을 수행하고 있지는 않은가?

세상의 소망이 되어야 할 기관들이 거꾸로 세상에 절망과 고통을 안겨주고 있지는 않은가?

참으로 애통한 일이다.

chapter 2

도를 아시나요?

나는 군종장교 54기로 군 복무를 마쳤다. 본래는 신학대학원을 졸업하고 목사 안수를 받은 후 1994년 입대할 예정이었는데 중간에 국방부의 인력 수급 계획에 차질이 생겨 부득이 2년을 대기 상태로 어정쩡하게 있다가 1996년에 경북 영천의 제3사관학교에 입소했다.

군종 54기는 목사 39명, 신부 12명, 법사 18명 도합 69명으로 편성되었다(기억이 정확지는 않으며 신부님과 법사님의 경우 한두 명 오차가 있을 수 있다).

당시 군종 법사님들 가운데는 결혼을 해서 가정을 이룬 경우도 몇몇 있었다.

그때 나는 조계종 소속 승려들은 독신을 원칙으로 하지만, 군종 법사에 한해서는 혼인 신분을 인정받을 수 있다는 것을 처음 알았다.

그래서 군종 법사들 가운데는 승려 생활을 처음 시작할 때는 독신이었으나 중도에 연인이 생겨 결혼을 하게 되면 일부러 군종 법사를 지원해서 평생 군종장교로 복무하는 이들이 있었다. 이런 경우 이들

법사들은 군대를 두 번 복무하는 셈이다(한 번은 젊어서 사병으로, 또 한 번은 30대 이후에 군종장교를 지원해서).

우리 군종 54기에도 중도에 결혼을 해서 군종장교를 지원한 스님이 한 분 있었다.

1996년 당시 나이가 38세였던 것으로 기억한다.

늘 웃는 낯에 태도가 싹싹한 스님이었다.

그의 부인은 서울의 모 방송국에서 근무하고 있다고 했다.

그런데 결혼을 한 지 적잖은 시간이 지났는데도 아이가 없었다.

알고 보니 아이를 못 갖는 것이 아니라 안 갖는 것이었다.

그래서 하루는 내가 진지하게 물었다.

"스님, 왜 아이를 안 가지셔요?"

그랬더니 기상천외(?)한 대답이 돌아왔다.

"도를 닦는 데 방해가 돼서요."

그래서 내가 이렇게 답했다.

"스님, 도가 뭐 별거 있나요? 아이 낳아서 키우는 게 바로 '도' 아니겠습니까!"

아이를 낳아서 키워본 세상의 모든 부모님들은 내 말의 뜻을 잘 아시리라 믿는다.

내 주변에는 독실한 가톨릭 신자들이 많이 계신데, 그분들이 신부님들을 보며 '거룩한 소명을 감당하기 위해 결혼을 포기한' 존경스러운 분으로 여기는 것을 어렵지 않게 목격한다.

그때마다 나는 마음속으로 '정말일까?' 하는 의구심이 든다.

과연 진짜로 결혼을 안 하면 더 존경스러운 분이고, 아이를 안 낳으면 더 수준 높은 도의 경지에 오를 수 있는 것일까?

나는 그렇게 생각하지 않는다.

따지고 보면, 진리란 산속에 있는 것이 아니라 시장에 있고, 도(道)란 고고한 산사에서 깨우치는 것이 아니라 지지고 볶는 현실에서 터득하는 것이다.

성인이 되고 싶은가?

그럼 아이를 낳아 키우라!

거룩해지고 싶은가?

그렇다면 아이를 낳아 키우라!

인생을 알고 싶은가?

당연히 아이를 낳아 키우라!

애들 때는 다 그런 거다

나는 비교적 상담을 많이 하는 편이다.

(사실은 아주 많이 하는 편이다.)

아마도 일부러 차단하거나 거절하지 않는다면 회사 문턱이 닳도록 하루 종일 사람들이 찾아올지도 모른다.

하지만 나도 노동을 해서 밥벌이를 해야 하기 때문에 꼭 필요한 경우가 아니면 가급적 상담을 안 해보려고 온갖 잔꾀를 내보기도 한다.

그런 와중에도 기어코 방문하는 분들의 사정을 들어보면 참으로 기구한 일이 많다. 인생의 별의별 쓰디쓴 사연이 다 있다.

그중에서 가장 흔한 고민은 역시 '자녀' 문제다.

치명적인 질병이 있는 경우부터 시작해서, 말썽을 부리거나 사고 뭉치인 아이도 많고, 요즘은 심한 우울증으로 자살을 시도하는 아이들도 무서운 추세로 늘고 있기 때문에, 부모들의 걱정이 여간 큰 게 아니다.

자식 때문에 마음고생이 극심한 부모들 입장에서는 마치 물에 빠진 사람이 지푸라기라도 잡아볼 심산으로 자기 자식을 향한 '하나님의 뜻' 혹은 '하나님의 음성'을 갈구하는 것이다.

그런데 내가 제법 오랜 시간 동안 자녀들 문제로 고통을 당하는 부모들을 위해서 기도와 상담을 병행하면서 한 가지 발견한 흥미로운 현상이 있다.

그것은 특히 아이들이 말썽을 피우거나 사고를 치거나 공부를 게을리하는 문제를 놓고 '어떡하면 좋겠냐며' 기도 요청을 하는 부모들에게, 성령께서 주시는 해법이 매우 간단하다는 것이다.

15세 이하의 아이를 둔 부모에게 주시는 성령의 음성은 거의 한결같다.

"원래 애들 때는 다 그런 거란다."

이게 전부다.

무슨 뜻인가?

15세 이하 아이들의 문제는 실상 전부 부모의 문제라는 것이다.

겉보기엔 아이가 문제아 같지만 실제로는 부모가 문제 어른인 것이다.

따라서 아이를 바꾸려고 할 것이 아니라 부모가 변해야 한다.

부모의 기준과 바람을 충족시키지 못하는 아이를 향해 야단치고 윽박지를 것이 아니라, 또는 그런 아이를 보면서 '저게 나중에 뭐가 되려고'라며 혀를 끌끌 차고 낙담할 것이 아니라, 부모가 더 넉넉하고 선한 마음으로 아이를 이해하고, 격려하며, 기다릴 수 있어야 한다는 말이다.

이 세상의 모든 나무와 꽃이 햇살과 비를 머금으면서 성장하듯이, 이 세상의 모든 자녀들은 부모의 이해와 격려와 인내의 양분을 먹고 자란다.

지혜롭고 부지런한 농부가 이른 새벽부터 저녁까지 부지런히 손과 발을 놀려 밭에 거름을 주고 잡초를 뽑아주듯이, 현숙한 부모라면 자녀의 마음 밭에 사랑의 비료를 듬뿍듬뿍 나눠줄 것이다.

하지만 16-17세가 넘은 자녀들의 문제는 또 다르다.

이 연령대 이상의 자녀들이 어떤 습성이나 태도, 가치관 등에 문제가 있어 상담을 받을 경우 성령께서는 그 아이 본인에게 "네가 계속 그렇게 살다가는 이다음에 큰 후회를 할 것"이라는 말씀을 주신다.

즉 16-17세 무렵부터는 자신의 인생을 스스로 책임져야 한다는 뜻이다.

인생에는 다 때가 있다.

그 '때'를 잘 분별하는 것이 지혜의 요체다.

첫 외출

큰아이가 강원도 인제군에 위치한 제3포병여단에 배치받은 지 얼마 안 되어서다.

어느 날 저녁에 아이가 제법 신이 나서 카톡으로 문자를 보냈다.

"아빠, 나 오늘 부대 밖에 나갔다 왔어요."

아이의 문자에는 '흥'이 진하게 묻어 있었다.

나도 덩달아 신나서 답을 보냈다.

"그래? 무슨 일로?"

내 딴에는 짐짓 다음 문자까지 이미 생각하고 있던 참이었다.

"아들, 부대 밖에 나가보니 참 좋지? 그동안 자대에 갇혀 있느라 넘 갑갑했을 텐데 오늘 바깥 공기를 쐬고 왔다니 아빠도 마음이 참 좋구나."

하지만 나의 기대는 아들의 다음과 같은 문자에 의해 물거품처럼 산산조각 났다.

"아빠, 실은 오늘 오후에 위병소 건너편에서 작업이 있어 부대 밖에 나갔다 왔어요."

그렇다.

우리 집 큰애는 '노가다'를 하러 잠시 부대 밖, 그것도 겨우 부대
정문 코앞까지 나갔다 온 것이었다.

나는 김이 확 빠졌다.

그러거나 말거나, 아빠의 실망과는 상관없이, 아이는 일단 부대 밖
으로 나갔다 왔다는 사실 하나만으로도 생기가 잔뜩 돌고 있었다.

그게 군 생활이란 게다.

첫 휴가

2020년 6월 15일에 논산훈련소에 입대한 큰아이가 11월 11일에 드디어 첫 휴가를 나왔다. 2020년은 코로나19 때문에 군인들의 휴가, 외출, 외박이 극도로 제한되었기 때문에 입대한 지 물경 140여 일 가까이 되어 첫 휴가를, 그것도 고작 6일의 휴가를 받아 강원도 산골짜기에서 해방되어 집에 왔다.

첫 휴가를 나온 날 큰아이는 저녁 식사 시간에 맞춰 아빠의 회사를 찾았다.

몇 달 만에 아들을 보는 순간 어찌나 반갑던지 내 입꼬리가 귀에 활짝 걸렸다.

나는 아들을 데리고 미리 예약해둔 식당에 갔다.

내가 예약한 식당은 지하철 충정로역 4번 출구 앞에 있는 해물탕 집이었다.

아현동의 우리 회사에서는 도보로 10분 정도 걸리는 거리다.

나는 아들과 손을 잡고 걸으면서 조곤조곤 대화를 하고 싶어 일부러 그곳으로 장소를 정했다.

그런데 큰 아이가 2-3분쯤 걸음을 옮기더니 질문을 한다. "아빠, 대체 왜 이렇게 멀리 있는 식당에 예약을 했어요?"

"아니, 뭐가 멀다고 그래? 겨우 10분만 가면 되는데…." 나는 핀잔을 주려다 흠칫 멈췄다.

"아이고, 이 녀석이 누가 포병 아니랄까 봐 단 3보 이상을 안 걸으려고 하는구나" 싶었다.

실은 녀석은 배가 몹시 고팠기 때문에 10분씩이나 걸어서 식당을 갈 기운이 부족했을 것이다.

저녁을 맛있게 먹고, 회사로 돌아와 아빠가 내려준 커피를 마시며 오랜만에 자유의 공기를 듬뿍 마신 아들은 마냥 행복해 보였다.

나는 아이에게, 첫 휴가 나오면 주겠다고 약속했던 고급 카메라와 렌즈를 선물했다.

녀석은 생애 처음으로 제 것이 된 카메라를 매만지며 한껏 들뜬 표정이었다.

저녁 9시 무렵 아이를 데리고 집으로 향하는 차 안에서 삽시간에 아이는 깊은 잠에 빠졌다.

운전을 하는 틈틈이 곁눈질로 아이의 자는 모습을 살짝살짝 훔쳐보는데, 아이가 무슨 좋은 꿈을 꾸는지 방긋 웃고 있었다.

환한 미소를 띠며 잠에 빠진 아이의 얼굴은 흡사 천사와 같았다.

아마도 아이는 군에 입대한 6월 15일 이후 잠을 자면서 처음으로 웃고 있을 게 분명했다.

군에 입대한 이후로 아이는 잠을 자면서 한 번도 좋은 꿈을 못 꾸었을 것이다.

녀석은 병영 안에서 때로는 너무 피곤해서 죽은 듯이 잠을 잤을 것이고, 때로는 자면서도 스트레스를 받았을 것이다.

어쩌면 이따금 가위에 눌렸을지도 모른다.

그렇지만 첫 휴가 날에 아이는 아빠가 운전하는 차 안에서 무지개보다 더 화려한 색깔의 웃음을 띠며 깊은 잠에 빠졌다.

나는 그 모습을 보면서 "그래, 얼마 안 되는 시간이지만 휴가 기간만이라도 아무런 걱정하지 말고 푹 자렴"이라고 나직이 말해줬다.

아이는 잠결에도 아빠의 말을 알아들었는지 연신 방긋거리며 더 깊은 꿈나라로 빨려 들어갔다.

그날 서울 강변북로를 따라 운전을 하는 내내 가로등마다 은총이 대롱대롱 걸렸고 헤드라이트 불빛이 가득한 도로에는 평화가 미끄러지듯 흘렀다.

한국 사회를 점령한 갑질 문화

"제가 아르바이트란 아르바이트는 다 해봤는데요."

K목사의 말이다.

그는 서울 서대문구에 위치한 허름한 건물 지하에서 교인 네댓 명이 모이는 개척교회를 섬기고 있다.

교인 수가 적다 보니 목회를 통해서는 생계유지가 도저히 불가능하다.

해서 그는 온갖 아르바이트를 마다하지 않는다.

각종 궂은일과 잡일을 마다하지 않고 뼈가 부서지게 일해서 번 돈으로 교회 월세를 충당하고, 나머지 돈으로 네 가족이 입에 풀칠을 하고 산다.

하지만 그가 좀처럼 낙심한다든지 주눅이 든다든지 하는 모습은 찾아보기 어렵다.

그런 모습을 보면 그는 천생 목사다.

"그중에서도 음식 배달이 최고예요."

K목사가 말을 이어갔다.

별의별 아르바이트를 다 해본 이력의 소유자인 K가 요즘 꽂혀 있는 아르바이트는 음식 배달이다.

최근에 그는 음식 배달에 전념하기 위해 중고 오토바이를 하나 구입하기까지 했다.

부업으로 음식 배달이 좋은 이유에 대해서 K는 '시간을 효과적으로 쓸 수 있기' 때문이라고 했다.

즉 점심과 저녁 시간에만 집중해서 아르바이트를 뛰고, 나머지 시간에는 성경을 연구하거나 기도하는 일에 투자할 수 있다는 것이다.

아마도 2012년인가?

내가 페이스북에 소위 '목사 이중직'에 대해 글을 쓰면서, 앞으로 젊은 목회자들이 교회 사역을 통해서만 생계를 유지하기 어려운 시대가 도래할 가능성이 높으니 젊은 목사들과 신학도들이 목회 외의 다른 생계 수단을 준비하는 것이 좋겠다는 글을 포스팅했을 때만 해도 거기 달린 댓글들이 얼마나 살벌했던지.

목사가 목회 외의 직업을 가져야 할 것이라는 예언(?)에 대해 다들 나를 이단아 취급했다.

심지어 젊은 신학도들까지 그런 분위기에 가세했다.

그런데 그때로부터 10년이 채 안 된 이 시점에 얼마나 많은 목사들이 세속의 그늘진 삶의 현장을 전전하면서 입에 풀칠을 하기 위해

발버둥을 치는지 모른다. (등 따뜻하고 배부른 목사, 장로들은 정말 모를 것이다.)

하지만 현실적으로 세속의 밥벌이에 전념하면서 목회를 병행한다는 것은 결코 쉬운 일이 아니다.

하루 종일 파김치가 되도록 중노동에 시달린 몸을 이끌고 저녁에 성경을 연구하고 기도에 집중한다는 것은 책상머리에서나 가능한 이론이지 실제 삶의 현장에서는 거의 불가능에 가까운 일이다.

그러니 이중직 목회를 고민할 바에야 차라리 가족들을 위해 과감하게 목사직을 내려놓고 세속 사회 안의 노동자 겸 성자로서 살아가는 것이 더 나을지도 모른다.

K 목사도 분명 그런 고민이 깊었을 것이다.

그리고 자기 나름대로 그 고민을 해결해보고자 택한 아르바이트가 점심과 저녁 시간에만 집중해서 일할 수 있는 음식 배달이었을 것이다.

"음식 배달이 다 좋긴 한데 한 가지 나쁜 게 있어요. 그건 바로 아파트 경비원들이 하도 갑질을 해서 매번 마음이 상한다는 거예요."

음식을 주문한 집을 방문할 때마다 아파트 입구에 딱 버티고 서 있는 경비원들이 어딜 가냐고 꼬치꼬치 캐물으며 쉽게 통과시켜주지 않는 것에 대한 애로사항을 토로하는 말이렸다.

나는 그 고충을 들으면서 "그게 경비원들의 임무인데 K목사가 이해해야지 어떡하겠냐?"고 다독였지만 마음 한쪽이 살짝 무거워진 것은 숨길 수 없었다.

어디 아파트 경비원뿐인가?

한국 사회 어디를 가도 '갑질 문화'에서 자유로운 곳을 찾기 어려운 것이 작금의 현실이다.

과거에는 자기보다 힘센 사람에게 굽실거리고 자기보다 약한 사람에게는 흉측한 위력을 행사했다면, 요즘은 자기보다 강한 사람에게도 집단적-사회적인 린치를 가하고 자기보다 못하다고 여겨지는 사람에게는 개인적-비인격적 갑질로 일관하는 것이 사회적 트렌드가 되어버린 것은 아닌가 하는 염려를 지울 길이 없다.

힘과 직위를 앞세워 만인이 만인에 대해 갑질로 일관하는 사회는 인류가 그토록 막대한 희생을 지불하면서까지 극복하려고 했던 고대 봉건주의 사회로 되돌아가는 것과 다르지 않다.

성경은 우리에게 타인을 나보다 '낫게' 여기라고 가르친다.

글쎄, 과연 언제쯤 우리 사회에 다른 사람을 나보다 '낮게' 여기는 대신 '낫게' 여길 때가 도래할 것인가?

새벽에 뒤척이는 이유

예전에 목회할 때다.

60대 후반의 장로님과 권사님 부부가 있었다.

한번은 장로님이 "요즘 잠을 깊이 못 잔다"고 토로했다.

그래서 내가 "장로님, 원래 연세가 들어가면 잠이 없어진다잖아
요. 수면 부족은 자연스러운 현상 아닐까요? 그러니 너무 신경 안 쓰
시는 게 차라리 정신 건강에 도움이 되지 않을까 싶은데요"라고 말
씀드렸다.

그러자 장로님이 고개를 절래절래 흔들며 이렇게 대답하셨다.

"목사님 그게 아니고요, 제가 요사이 자다가 중간에 깨서 아내 코
에 귀를 갖다 대고 '아내가 살아 있는지' 확인하느라 그런 거예요"라
고 답하셨다.

하루 종일 밖에서 힘들게 일하고 들어와 고달픈 잠을 자는 권사님
에게 혹시 무슨 일이 생기면 어쩌나 하는 염려에 일부러 새벽에 몇
번씩 일어나 숨소리를 확인한다는 뜻이다.

백년해로하고 싶은 남편의 진심이 담긴 말이었다.

그 말이 참 애틋하게 느껴졌다.

그 사람이 너무 보고 싶어요

역시 목회할 때 일이다.

80대 중반의 할머니가 교회에 새로 출석하셨다.

늘그막에 교회를 나오시게 되었는데, 한글을 잘 모르셔서 성경도 못 읽으시고 찬송도 못 부르셨다.

그래도 주일이면 꼬박꼬박 교회를 나오셨다.

예배가 끝나면 공동 식사에도 빠짐없이 참석한 다음 귀가하셨다.

교회가 있던 동네는 오래된 주택들이 골목을 따라 옹기종기 모여 있는 곳이었다.

할머니 댁은 허름한 주택 2층에 자리한 방 두 칸짜리 집이었다.

하루는 할머니 댁에 심방을 갔다.

집은 소방도로변에 위치한 2층이어서 그리 어둡지는 않았으나 난방이 시원찮아서인지 늦봄인데도 약간의 한기가 느껴졌다.

안방에는 할아버지가 전혀 거동을 못하고 누워 계셨다.

할머니 말로는, 남편이 벌써 10년째 전신 마비 상태로 누워 계시는 것이라 한다.

의식도 오락가락해서 말귀도 거의 못 알아듣는다고 했다.

그러면서 저 인간이 젊어서 바람피우며 내 속을 어찌나 긁어놨는지 모른다며 그 때문에 '벌 받는 것'이라고 했다.

할머니는 감정이 북받쳤는지 한동안 할아버지 흉을 보며 비난을 퍼부었다.

심방 예배는 뒷전으로 밀려났고 할머니의 한탄을 들어주다 보니 시간이 잔뜩 흘렀다.

동석한 교구 담당 여전도사님은 잔뜩 당황해서 할머니에게 "이제 그만하시라"고 은근히 핀잔을 줬고, 할머니는 아직도 분이 안 풀렸는지 연신 할아버지 욕을 했다.

중간에서 나는 어느 편을 들어야 할지 난감했다.

몇 달 후 할아버지가 세상을 떠나셨다.

장례를 마친 다음 나는 혼자 속으로 '이제 할머니가 조금 편해지셨겠구나'라고 생각을 했다.

그런데 내 예상이 완전히 빗나갔다.

할아버지가 돌아가신 후 할머니가 교회에 오는 횟수가 눈에 띄게 뜸해졌다.

담당 전도사님 말로는 "할머니가 남편을 보내고 나서 우울증이 너무 심해져 바깥나들이를 거의 못한다"는 것이었다.

그래서 일부러 더 할머니 집에 자주 심방을 가는데, 그때마다 할머니가 전도사님을 붙잡고 "우리 영감이 너무 보고 싶다"며 대성통곡을 하신다는 것이었다.

그리고 또다시 반년쯤 지나서야 할머니가 예전처럼 교회 출입을 재개하실 수 있었다.

그때로부터 20년 가까이 지났는데도 '우리 영감이 너무 보고 싶다'는 그 할머니의 말씀이 잊히지 않는다.

사람이 오래 같이 살다 보면 미운 정 고운 정이 다 든다.

얼핏 보면 미운 정이 고운 정보다 더 억세고 질긴 것 같지만, 그럼에도 결국은 고운 정이 미운 정을 덮는다.

따라서 살아 있을 때 고운 정을 많이 쌓아놓을 일이다.

알아주시면 그것으로 충분해요

2년 전 일이다.

지방의 한 도시에 소재한 교회에서 주일날 강연을 할 일이 생겼다.

혼자 지방을 다녀오는 것이 심심할 듯하여 가까운 집사님 세 분께 혹시 시간이 되면 같이 가시지 않겠냐고 부탁을 드렸다.

다들 흔쾌히 동행하겠다고 호응을 해주셨다.

지방 나들이에 동행하기로 한 집사님 세 분은 모두 나와는 교분이 깊은 사이지만 서로 간에는 잘 모르는 사이였다.

나는 각기 독실한 크리스천인 데다 자기 삶에서 나름 일가견을 이룬 세 분이 이 기회에 서로 친분을 트면 그것도 좋은 일이겠다 싶어 함께 할 수 있는 자리를 적극 주선했다.

공교롭게도 세 분 모두 1963년생 동갑내기였다.

왕복 8시간에 달한 지방 나들이는 즐거움 그 자체였다.

우리는 오가는 차 안에서 인생, 신앙, 사회에 대한 생각을 마음껏 주고받았다.

엇비슷한 시대를 살았기 때문에 어떤 화제든 공감대가 쉽게 형성되었다.

하루 일정을 모두 마치고 밤 10시 무렵 서울에 도착한 우리 일행은 헤어지기 전 인적이 뜸한 도로 한편에 차를 주차해놓고 차 안에서 함께 기도를 드렸다.

나는 언제나처럼 성령께서 주시는 감동과 깨달음을 따라 한 분씩 정성껏 기도를 해드렸다.

먼저 기도를 해드린 두 분은 성령께서 많은 은혜를 약속하시고 격려하셨다.

그런데 마지막 한 분은 10분 가까운 기도 내내 어떤 축복의 말씀도 없이 그저 "내가 네 수고와 인내를 잘 안다는 말씀"만 주실 뿐이었다.

사실 이런 경우는 기도를 하는 내 편에서도 미안한 마음이 잔뜩든다.

특히 같은 자리에 있던 다른 두 분과 비교했을 때 차이가 나는 기도 내용이었기 때문에 더욱 그렇다.

그렇다고 내가 임의로 기도 내용을 조작하거나 창작할 수도 없는 노릇이다.

내가 할 수 있는 역할이란 게 성령께서 주시는 감동과 지혜를 정직하게 중계하는 것에 국한되기 때문이다.

그렇게 세 번째 분을 위하여 기도를 한참 하고 있는데 갑자기 이

분이 큰 소리로 엉엉 운다.

50대 후반의 남자가 주위 시선을 아랑곳하지 않고 대성통곡을 한다.

나는 혹시라도 앞의 두 분과 비교해서 본인을 향한 기도 내용이 너무 빈약(?)하여 속이 상해서 우는 것은 아닌지 싶었다.

그래서 마음속으로 더 미안했다.

하지만 그게 아니었다.

기도를 모두 마치자 세 번째 분이 이렇게 말씀하셨다.

"(하나님이) 알아주시니 그것으로 충분합니다."

심장이 벌렁거릴 정도의 축복의 말씀은 없었지만, 고생과 인내를 알아주시는 것만으로도 감사하고 행복하단 이야기였다.

정말 그렇다. 누군가 나를 알아주는 것만으로도 살아갈 힘이 나는 법이다.

하물며 하나님께서 알아주신다니 어찌 (그분이 맡기신) 그 수고와 인내를 감당 못하겠는가!

목이 어긋난 이유

　예전에 내가 속했던 교단(예장 합동)은 오직 만 30세 이상의 남성만 목사가 될 수 있다고 헌법에 명시되어 있다. (여성 목사 안수가 충분히 가능하다고 생각하는 내 입장에서는 지독한 성차별적 조문이다.)

　하지만 군종장교 요원과 선교사 후보에 한해서는 만 30세 이전에도 목사 안수를 허용한다.

　나는 군종장교 요원이었기 때문에 신학대학원을 졸업하자마자 목사 안수를 받았다.

　그때가 우리 나이로 27세, 호적 나이로 25세였다.

　동기들보다 2-3년 더 일찍 목사가 된 셈이었다.

　나는 1994년 4월 13일에 강도사 인허와 목사 안수를 동시에(?) 받았다.

　통상 장로교의 경우 목사 안수를 10월의 가을 노회에서 시행하는

데 반해 나는 군종장교 요원이었기 때문에 4월 봄 노회에서 목사 안수를 받은 것이다.

그런데 문제가 있었다.

통상 목사 안수식 때 소용되는 소위 '거마비'와 '선물값'을 목사 후보생들이 1/n씩 각출해서 부담하는 것이 관행인데, 나는 홀로 목사 안수를 받았기 때문에 안수 위원들의 거마비와 행사 참석자들에게 줄 선물을 전적으로 혼자 부담해야만 했던 것이다.

당시 목사 안수 위원이 총 17명이었으니, 1인당 20만 원씩 계산해서 340만 원이라는 거금이 필요했다.

물론 선물(기념 수건과 우산)값은 별도였다.

기실 340만 원이 아니라 그것의 1/10 수준인 34만 원을 내라고 해도 내 성격에 길길이 뛰었을 것이다.

그런데 무려 340만 원이란 거금을 내고(?) 목사 안수를 받으라 하니 마치 중세 시대에 돈을 주고 성직을 사는 것과 큰 차이가 없다는 생각이 들었다. (그때 내가 받던 전도사 사례비가 월 40만 원 수준이었다.)

그래서 나는 차라리 목사가 안 되고 말겠다며 절대 안수비 명목의 거마비를 줄 수 없다고 버텼다.

나아가 이제 고생길이 훤한 목사의 길에 접어드는 젊은 신학도를 위해 오히려 노회가 격려 비용을 내놔야 하는 것이 아니냐고 반문하기까지 했다.

하지만 부친께서 직전 노회장이었으므로 아버지 체면(?) 때문에 결국 항복을 하고 거금 340만 원을 낸 다음 목사 안수를 받았다. (그 비용은 아버지가 대납해주셨다.)

지금까지도 내 인생에서 가장 수치스런 순간 중 하나로 남는 장면이었다.

그때 그 경험 때문에, 나는 후배 목사들에게 어떤 도움을 주는 대가로 돈을 받거나 혹은 작은 교회에서 설교 봉사를 하고 사례비를 받는 것을 매우 조심한다.

아무튼 먹고살 만한 노회의 중견 목사들이, 안수 행위를 빌미로 가난하기 짝이 없는 젊은 신학도들에게 거마비를 받아 챙기는 행태는 하루바삐 청산되어야 할 악습이라 하겠다.

그럼에도 봄 정기 노회를 휴회하고 오직 나 한 사람을 위해 17명의 선배 목사들이 강단에 올라와 내 머리 위에 손을 얹고 목사 안수를 한 것은, 어쨌거나 소중하고 뜻깊은 시간이었음에 분명하다.

한때는 절대로 목사가 되지 않겠다고 굳게 다짐했던 내가 생각을 바꿔 신학을 공부해서 마침내 목사가 되던 순간만은 무척 감격스러웠다.

그날 나는 몇 번이고 '좋은 목사'가 되겠다는 다짐과 서원을 마음속으로 반복했다.

그런데 그다음 날 잠자리에서 일어나자 목이 뻐근했다.

좌우로 목을 돌리는 것도 버겁게 느껴질 정도로 상당한 통증이 따랐다.

아마 목사 안수를 받는 순간에 고개를 잘못 숙이고 있다 보니 안수식 때 삐끗했나 싶었다.

하지만 정확한 이유를 알 수는 없었다.

나는 그 뒤로 수년간 목 부근의 통증 때문에 적잖은 고생을 해야 했다.

목을 다친 정확한 이유를 알게 된 것은 일 년이란 시간이 지난 후였다.

한 번은 정기 노회에 참석했더니, 한참 선배뻘인 어느 목사가 나보고 대뜸 "어이, 김 목사, 목은 괜찮으냐?"고 물었다.

나는 속으로 '이 목사님, 참 신통하네. 어떻게 내가 목이 아픈 걸 알았지'라는 생각을 했다. 내가 대답할 틈도 안 주고 그가 다시 말을 이었다.

"사실 작년 목사 안수식 때 내가 일부러 장난을 좀 쳤거든. 안수할 때 내가 자네 목을 위에서 짓누르며 세게 비틀었거든. 하하."

알고 보니 평소에도 천방지축으로 행동하여 노회 안에서 다들 고개를 절래절래 흔들던 그 목사가, 목사 안수식 때 장난기가 발동하여 내 목을 짓누르며 비틀었던 까닭에 목을 다친 것이었다.

어쨌거나 그 고약한(?) 목사 안수식 때문에 나는 훗날 20년 이상 극심한 두통에 시달리게 된다.

고약한 목사 때문에 덩달아 내 삶이 고약해진 것이다.

하여간 사람을 잘 만나고 볼 일이다.

부디 독자들께서는 고약한 사람을 만나지 마시길.

어떤 성향

나는 20년 이상 아스피린을 달고 살았다.

어느 날 약국에서 아스피린을 더 이상 판매하지 않기로 한 다음부터는 타이레놀로 갈아탔다.

늘 편두통에 시달렸기 때문에 두통약을 먹지 않으면 책을 읽거나 글을 쓰는 것이 버거울 때가 많았다.

그래서 책상 위에도, 상의 호주머니 한쪽에도 상비약처럼 두통약을 비치해뒀다.

고질적인 두통의 원인이 목이 비뚤어졌기 때문이라는 사실을 알게 된 것은 2016년 무렵이었다.

내가 가까이 교제하는 목사 중에 전직 의사 출신이 한 사람 있다.

우리는 40대 중반에 만났지만 마침 나이도 동갑이어서 친구처럼 서로 의지하며 지내는 사이다.

그는 예수를 믿기 전 강남의 한 병원에서 척추 교정 전문의로 재직했던 이력의 소유자다.

거의 40년 가까이 열성 무신론자로 살던 그는 강력한 성령의 역사 앞에 설복되어 스스로 교회를 찾았고 마침내 의사 대신에 목사의 길에 접어들었다.

하지만 의사의 영광(?)을 버리고 택한 목사의 길은 십자가 그 자체였다.

그런데도 그는 늘 그 십자가의 길을 기쁨으로 걸어간다.

여러모로 귀감이 되는 그리스도인이다.

한번은 내가 늘 목과 어깨 통증 때문에 불편해하는 것을 본 그가 나더러 자리에 누워보라고 했다.

마침 그의 방에는 척추를 교정할 때 쓰는 침상이 하나 있었다.

나는 군말 않고 그 자리에 누웠다.

그가 내 뒷목을 살살 몇 번 만지더니 "김 목사님, 목이 많이 비뚤어졌다"며, 이렇게 목이 비뚤어지면 두통이 심할 것이라고 했다.

그리고는 삽시간에 우두둑 소리와 함께 내 목을 바로잡아줬다.

경추가 제 자리를 잡아가는 소리는 요란했지만 통증은 전혀 없었다.

오히려 시원한 느낌이 들었다.

그런데 그게 끝이 아니었다.

그 후 한 달에 한 번꼴로 만날 때마다 그는 제일 먼저 내 뒷목을 교정해주는 것으로 교제를 시작했다.

참 이상했다. 분명히 지난번 만남 때 목이 비뚤어진 것을 교정해줬는데 한 달 후에 보면 어김없이 다시 뒤틀려 있었다.

필시 내 생활 습관이 잘못된 게 분명했다. 하지만 그게 아니었다.

그가 아무리 목을 올바로 교정해봐도 얼마 못 가 다시 비뚤어지는 이유를 친절하게 설명해줬다.

간단히 말하자면, 목이 비뚤어진 상태로 오랜 시간 지내다 보면 우리의 뇌가 비뚤어진 목의 위치를 정상으로 간주할뿐더러, 교정이 된 목의 상태를 오히려 비정상으로 간주하고서 다시 비뚤어진 상태로 되돌리는 지시를 내리기 때문이라는 것이었다.

따라서 우리의 뇌가 교정이 된 목의 위치를 정상으로 간주할 때까지 계속해서 목의 위치를 바로잡아줄 필요가 있다는 것이다.

그렇게 해서 나는 그에게 약 2년 가까이 매달 한 번씩 목을 교정받았고, 시간이 지날수록 확연히 두통 증세가 약해지는 것을 경험할 수 있었다.

요컨대 내가 20년 이상 시달렸던 두통의 원인은 머릿속이 아니라 목에 있었던 것이다. 따지고 보면 1994년 4월 13일에 받은 고약한 안수 때문에 그토록 오랜 세월을 아무 의미 없는 고통을 당해야 했던 셈이다.

이처럼 사람의 생활 습관이나 신체를 교정하는 데도 많은 에너지와 인내가 필요하다.

하물며 사회를 바꾸고 교회를 개혁하는 일의 고단함은 말할 것도 없다.

더욱이 우리의 타락한 본성은 애써 뭘 하나 바꿔놓아도 다시 옛것으로 회귀하려는 성향이 워낙 강하다 보니 아차 하는 순간에 도루묵이 되기 일쑤다.

그러므로 개인을 바꾸려는 노력이나 세상을 바꾸려는 행동에는 단발적 행위가 아닌 지속적인 수고가 필요하다.

수입에 비례하는 귀신의 등급

어느 유명 소설가에게서 들은 말이다.

그녀는 과거 밀리언셀러 작품을 연달아 발표했던 이력을 갖고 있는 소문난 작가였다.

아마 그 때문에 젊은 시절 제법 많은 돈을 벌었나 보다.

그런데 그녀가 말하길,

100억을 버니까 100억짜리 귀신이 따라오고,

10억을 버니까 10억짜리 귀신이 따라오고,

1억을 벌면 1억짜리 귀신이 따라오더라는 것이었다.

말인즉슨

귀신 중에 돈 귀신이 제일 무섭다는 뜻이고,

인간의 탐욕이야말로 가장 치명적인 귀신이란 뜻이며,

돈을 숭배하는 것은 귀신을 숭배하는 것과 매한가지란 뜻이다.

그런데도 자본주의란 신전 안에서 살아가는 돈 종교의 신도인 우리들은 이 사실을 죽을 때까지 까맣게 모른다.

그저 돈, 돈, 돈 하다가 마침내 돌아버리고야 만다.

오늘도 세상은 돈 귀신들의 장단에 맞춰 계속 미쳐 돌아가고 있다.

오호 통재라!

정체 구간에서는 다 똑같다

2018년 8월 첫 번째 주일에 충청남도 아산에 위치한 어느 교회의 헌신 예배 설교 부탁을 받은 적이 있었다.

아산에 설교하러 간다는 이야기를 전해 들은 지인 한 분이 굳이 본인이 직접 운전 봉사를 하겠다며 자신의 아우디 차량을 갖고 왔다.

나는 그럴 필요가 없다고, 나 혼자 다녀와도 충분하다고 극구 사양을 했으나 그분의 선한 의지를 도저히 꺾을 수가 없었다.

그래서 난생 처음으로 아우디를 타볼 기회를 얻게 되었다.

그런데 경부 고속도로에 들어서자마자 도로가 온통 주차장이었다.

하필 설교 초청을 받은 날이 여름 휴가철과 겹치다 보니 고속도로는 서울을 빠져나가려는 차량 행렬로 인산인해를 이루고 있었다.

결국 안성 부근을 지날 때까지 아우디는 시속 30킬로미터의 속도로 거북이걸음을 할 수밖에 없었다.

마음속으로 은근히 아우디의 속도감을 체험해보려던 생각을 품었던 나는 살짝 실망이 되었다.

그리고 꽉 막히는 도로에서는 고급 외제 차나 싸구려 국산 차나 별 차이가 없다는 사실을 깨닫게 되었다.

크게 또 멀리 보면 인생이란 것이 그렇다.

부자나 가난한 자나, 머리가 좋은 자나 평범한 자나 인생의 도로를 달리다 보면 막히는 데서 똑같이 막히고 사고 나는 데서 똑같이 사고가 난다.

그러니 자칭 고급진 인생을 산다고 해서 가난한 자와 연약한 자들을 멸시하고 비웃을 일이 아니다.

그저 모두가 제 분수를 알고 겸손히, 그리고 신실하게 살 일이다.

chapter 3

피켓 좀 만들어주면 안 될까요?

원로 역사학자 이만열 교수님은 한국 개신교의 현존하는 몇 안 되는 어르신 중 한 분이다.

평생을 반듯하게 사신 덕분에 존경하고 따르는 이들이 많다.

물론 나도 그중 한 명이다.

이만열 교수님의 인생 여정에서 특기(?)할 사항 하나는 긴 세월 동안 하루도 거르지 않고 일기를 써오고 계신다는 점이다.

1980년 전두환이 이끄는 신군부가 정권을 탈취한 것에 항의하였다가 대학 강단에서 쫓겨나고 해직되었을 때부터 일기를 쓰셨다고 하니 만 40년이 넘게 그 작업을 해오신 것이다.

이 교수님이 1938년생이시니 올해 우리 나이로 84세시다.

즉 인생의 절반 가까이 꾸준히 일기를 쓰신 셈이다.

정말 대단한 성실과 집념이 아닐 수 없다.

혹자는 '일기를 쓰는 게 뭐 그리 대단하다고?'라고 반문할 수도 있겠다.

하지만 이만열 교수님의 일기는 그냥 단순한 신변잡기의 산물이 아니라 특별한 역사의 기록이다.

언젠가 내가 이 교수님께 "대체 하루에 얼마 분량의 일기를 쓰시냐?"고 여쭤본 적이 있었는데 그때 돌아온 대답이 'A4 용지로 3장 가까이'였다.

매일매일 그날 있었던 주요한 정치, 사회, 역사, 종교에 관계된 일들을 평가 및 해석하시는 작업을 일기 형식으로 남기는 것이다.

그리고 이 일을 위해서 저녁 시간만큼은 일기 작성을 위해 늘 따로 떼어둔다는 말씀을 덧붙이셨다.

그 말씀을 듣고 내가 속으로 얼추 계산을 해봤는데, 그 정도 분량의 일기면 일 년에 600쪽 분량의 책 3-4권을 만들 수 있는 양이었다. 실로 엄청난 기록인 셈이다.

그 일을 40년이 넘게 해오고 계신 것이다. (이만열 교수님은 강연 때마다 청중을 향하여 '꼭 일기를 쓰라'고 권하신다.)

지금은 자녀분들이 있는 서초동으로 이사를 가셨지만 그전에는 이만열 교수님이 마포구 아현동에 사셨다.

교수님 댁이 새물결플러스와는 지척의 거리여서 일주일에도 여러 번씩 회사를 들르시곤 했다.

오셔서는 꼭 나를 찾으셨다.

시간 여유가 있어서 오시는 게 아니라 바쁘신 가운데도 일부러 틈을 내서 방문하신 것이었다.

아마 늘 피곤하고 빠듯하게 사는 내 삶이 꽤나 안쓰러우셨던 모양이다.

그 덕분에 나는 이 교수님과 사적으로 정말 많은 대화를 나눌 수 있는 특혜를 누렸다.

마침 16년 전에 돌아가신 내 부친과 이 교수님의 연배가 비슷하셔서 내 마음에는 늘 아버님을 대하듯 잘 모셔야겠다는 마음도 있었다. 그래서 오실 때마다 지극정성(?)으로 대접하곤 했다.

이 교수님과의 교분(?) 중에 잊을 수 없는 일들이 제법 많은데 그 가운데 특히 세 가지를 이야기하고 싶다.

감히 말하건대 아마도 이 교수님께 '드립 커피'의 맛을 본격적으로 알려드린 사람이 나라고 할 수 있겠다.

사실 이 교수님은 일평생 친구처럼 지내온 '맥심 커피' 맛에 깊이 중독(?)되어 있으셔서 처음에는 핸드드립으로 내려드리는 커피를 꺼리셨다. 커피가 쓰다는 이유에서였다.

그러나 회사를 방문하실 때마다 한사코 커피를 내려드리니까 조금씩 맛보시기 시작하더니, 차츰차츰 커피 맛을 음미하시다가, 급기야는 자택에서도 아침마다 손수 커피를 내려 드시는 단계까지 발전하셨다.

비로소 커피 맛이 무엇인지, 커피 종류에 따라 맛이 조금씩 다른 것이 뭘 뜻하는지 아시겠다며.

그때 교수님의 연세가 83세였다.

그런데 내가 인상적으로 들었던 말씀은 그게 아니었다.

하루는 이 교수님이 회사에 오셔서 여느 때처럼 커피를 드시며 말씀을 나누시다가 '사모님이 해주시는 밥' 이야기를 꺼내셨다.

대화의 소재가 모닝커피에서 아침밥으로 옮겨간 것이다.

교수님이 정색을 하고서는 이런 말씀을 하셨다.

"젊었을 때는 잘 몰랐는데 나이가 드니까 집사람이 해주는 아침밥이 그렇게 맛있더라고요."

"밥이 참 달아. 그렇게 좋을 수가 없어요."

글쎄, 왜 그랬을까?

지금도 그 이유를 다 모르겠지만 당시 그 말씀이 내 뇌리에 강하게 확 박혔다.

80세가 넘으신 노인 두 분이 아침마다 손수 밥을 지어서 함께 나눠 먹으며 "당신이 해주는 밥이 참 맛있어" 하는 모습을 떠올리니 마치 해 질 녘에 강물 위로 쏟아지는 햇살이 진주 목걸이처럼 반짝반짝 빛나는 느낌이었다.

질서정연한 논리 저 너머의 그 느낌이 너무 강렬했다.

두 번째 잊을 수 없는 말씀이 있다.

꽤 오랫동안 소위 한국 개신교 복음주의권의 운동가로 활동했던 사람이 있었다.

한국 개신교의 굵직굵직한 사안에 대해 늘 목소리를 높이던 인물이었다.

그런데 어느 순간 숨겨진 사생활이 드러나면서 그의 가족들은 큰 상처를 받았고, 그가 홀연히 무대 뒤로 사라지자 그를 음양으로 많은 사람들이 이러쿵저러쿵 한마디씩 덧붙이는 그런 상황이었다.

솔직히 당시 나는 어떻게 해야 할지 몰랐다. 아니, 하고 싶은 말은 많았지만 전부 속으로 삼켜야 했다.

그와의 간단치 않았던 교분 때문이기도 하지만, 더욱 근본적으로는 고통당하는 그의 가족이 중요했고, 그가 적지 않은 세월 동안 한국 개신교에 쏟아놓은 말들의 무게를 어떻게 처리해야 할지 엄두가 안 났기 때문이다.

그렇게 그 사건에 대해 혼자 속으로 '분개'하고, '당황'하며, '허탈'해 하고 있을 때 어느 날 이만열 교수님께서 내게 한 말씀 하셨다.

"김 목사님, 그를 긍휼히 여기세요."

그러시고는 그 문제에 대해 두 번 다시 말씀이 없으셨다. (아마 당신도 너무 속상하고 마음이 아프셨을 것이다.)

나는 그때 혼자 속으로 곰곰이 생각해봤다.

아마 젊은 날의 이만열이라면 필경 이 사태에 대해 누구보다 먼저 앞장서서 '돌'을 던졌을지도 모른다고.

하지만 황혼의 석양처럼 은은한 빛을 잔잔히 머금고 있는 83세 이
만열에게는 정의보다는 긍휼이, 질책보다는 연민이 더 커보였다.

그분의 판단과 선택에 동의하든 그렇지 않든 간에, "긍휼히 여기
세요"라는 말 한 마디는 내게 '나이 듦'의 의미를 다시 한번 깊이 묵
상하게끔 했다.

게다가 그 일이 전부는 아니다.

내가 이만열 교수님께 '어른 됨'의 의미를 배운 중요한 사건 하나
가 또 있었다.

많은 사람들이 기억하듯이 2019년 10월과 11월은 서울 광화문 광
장이 후끈 달아올랐을 때다. 자칭 한국 보수 개신교를 대표한다는
전광훈 씨가 주도하는 세력이 문재인 정부를 공산주의 혹은 빨갱이
정부로 규정짓고 정권을 타도하자며 수십만의 군중을 선동하던 때
였다.

아마 이 사태는 합법적으로 선출된 정부를 교회가 앞장서서 무력
으로 전복하자는, 세계 교회 역사상 유례가 없는 초유의 사건이었을
것이다.

또 거기에 동원된 저열한 발언과 이단성이 확실한 표현들, 숱한 역
사적 왜곡들 역시 양식 있는 시민들의 눈살을 찌푸리게 만들기에 부
족함이 없었다.

결단코 이 사태는 (훗날 역사가들이 정리하겠지만) 2000년대 이

후로 급격히 쇠퇴하던 한국 개신교의 종말을 알리는 조종(弔鐘) 역할을 했다.

동시에 한국 개신교인들의 사회적 입지를 급격히 축소시키고, 교회 이탈을 가속화시키는 촉매제 노릇을 하기도 했다.

나를 위시하여 수많은 개신교인들이 이 사태에 대해 부끄러워하고 분개했던 이유가 여기 있다.

하루는 이만열 교수님이 침통한 표정으로 회사에 찾아오셨다.

나를 찾아오신 이유는 분명하고 단호했다.

당신께서 도저히 전광훈 씨의 망동을 그냥 지켜보고 있을 수만은 없다는 것이었다.

그러면서 본인이 직접 광화문 광장에 나가 전광훈을 반대한다는 피켓 시위라도 벌어야겠는데 (연로한 몸으로) 직접 피켓을 만들기가 어려우리 대신 나보고 하나 만들어달라고 찾아오신 것이었다.

그 말씀을 듣는데 콧등이 시큰했다.

이 어르신이 진정으로 한국교회와 사회를 사랑하시는 분이구나 싶었다.

나는 이 교수님께 '행여 광장에 나갔다가 저쪽 사람들한테 봉변이라도 당하시면 큰일'이라며 한참을 설득해서 겨우 말렸(?)다.

그 대신에 '제가 뭐래도 해보겠다'고 말씀드렸다.

나는 그날 똑똑히 보았다.

비록 나이가 든 호랑이라 할지라도 호랑이는 결코 고양이가 될 수 없다는 것을 말이다.

그날 내 앞에는 시대의 혼돈과 어둠 앞에서 침묵 대신 외침을, 방관 대신 용기를 선택한 백발의 호랑이 한 마리가 좌정하고 있었다.

그것이 바로 어른의 모습이었다.

발에서 먼지를 털다

복음서에 보면 예수님께서 제자들에게 그들을 환영하는 사람들을 위해서는 평강을 기원하고, 반대하는 사람들을 향해서는 신발을 벗어 먼지를 털라는 말씀이 나온다.

부끄럽지만(?) 내 인생에서도 지금까지 살면서 신발을 벗어 흙먼지를 탈탈 털었던 일이 딱 한 번 있었다.

사건의 발단은 신학대학원 졸업 논문 때문에 일어났다.

1993년, 총신신학대학원 졸업을 앞두고 나는 '바울이 왜 교회를 그리스도의 몸이라고 불렀는가?'라는 주제로 논문을 작성했다.

당시 나는 바울이 교회를 그리스도의 몸이라고 명명한 배후에는 필시 그의 '다메섹 회심 체험'이 자리하고 있다는 확신을 갖고 있었다.

즉 바울이 다메섹에서 강렬한 회심 체험을 하면서, 그가 구약 예언자들의 전통을 따라 하늘 어전 회의에 올라가 하나님의 참 메시아를 만난 것과 동시에 하나님의 세계 구원의 경륜을 발견했고, 이는 자연스럽게 구약과 유대교 묵시 전통의 메르카바 환상 체험과 동일선 상에 놓인다는 전제하에, 부활하신 예수께서 자신의 정체성과 지상의 고난 받는 백성들을 동일시한 것에 착안하여 바울이 교회를 그리스도의 몸으로 불렀다고 생각한 것이다.

확실히 이런 나의 아이디어는 총신신학대학원 재학 동안 조교를 역임했던 김세윤 교수님께 배운 바울신학으로부터 큰 영향을 받았다.

하지만 당시 나의 이런 발상을 학문적으로 구체화시켜 논증할 재간이 부족했던 것도 사실이다.

내 실력이 일천한 탓도 있었지만 무엇보다 국제 신학계에서 이런 주장을 펼친 학자들의 논문이나 책을 발견하기가 쉽지 않았다.

그럼에도 워낙 내 아이디어에 대한 확신이 강했던 때였고, 훗날 외국에 나가서 다시 이 주제를 갖고 본격적으로 연구해보리라는 희망이 있었기 때문에, 나는 일단 현실에 맞춰 도서관에서 구할 수 있는 상당수의 신학 원서를 복사해서 그 안의 논지들을 이렇게 저렇게 연결하여 겨우(?) 논문을 썼다.

기실 (당시 기준으로) 신학대학원 졸업 논문에 그렇게 많은 에너지를 쏟을 일은 아니었으므로, 나는 당연히 내가 쓴 수준 정도의 논문이라면 통과에 큰 어려움이 없을 것이라고 자신했다.

그런데 전혀 예상 밖의 일이 벌어졌다.

졸업 심사를 딱 하루 앞두고서 학교측으로부터 내 논문이 탈락했다는 연락을 받게 되었다.

연락을 준 교무과 직원에 따르면 주심 교수(김세윤)는 논문을 합격 처리했지만, 부심 교수 두 사람(권○○, 정○○)이 모두 불합격 처리를 했으니 빨리 학교로 나와서 두 분을 찾아뵙고 문제를 해결해야 한다는 것이었다.

정상적으로 졸업을 할 수 없을지도 모른다는 불안감에 화들짝 놀란 나는 부랴부랴 택시를 잡아타고 사당동 캠퍼스에 도착해서 부심 교수님들을 찾아가 자초지종을 확인했다.

먼저 권○○ 교수를 찾아갔다.

권○○ 교수의 연구실을 향할 때만 해도 나는 내 논지에 무슨 결정적인 하자가 있는 줄 알았다.

하지만 그게 아니었다.

권○○ 교수가 내 논문에 불합격 처분을 내린 이유는, 그의 말에 따르면, 내 논문의 각주에 외국 원서가 너무 많이 인용되어 있어서 '필시 외국의 어느 논문을 베꼈다'는 의심을 품었다는 것이다.

그는 내게 논문의 각주에 있는 원서들을 직접 가지고 와서 그 책들을 내가 실제로 본 것이라고 입증을 하면 논문을 합격 처리해주겠다고 했다.

그래서 나는 또다시 부랴부랴 택시를 타고 집으로 와서, 커다란 여행용 가방 두 개에 신학대학원 3년 동안 열심히 복사해놓았던 원서들을 챙겨 담았다. 당시에는 외국의 원서들을 국내에서 정상적으로 구할 길이 없어서 대부분 복사를 해서 봐야만 했다. 그렇게 챙겨봤던 자료들을 바리바리 가방에 싸서 다시 택시를 잡아타고 학교로 갔다.

그리고 교수가 보는 앞에서 내 논문의 각주에 표기된 서지 사항과 내가 갖고 있던 원서들을 일일이 대조해가며 내 노력의 진정성을 시위해 보였다.

한동안 그 장면을 지켜보던 권○○ 교수는 아무 말 없이 내 논문 맨 앞장에 적혀 있던 F자를 P자로 바꿔줬다.

나는 가슴을 쓸어내렸다. 안도의 한숨이 절로 나왔다.

이번에는 정○○ 교수의 연구실을 찾아갔다.

노크를 하고 방문을 열자, 어럽쇼, 정○○ 교수가 반갑게 맞아준다.

눈치를 보니 논문을 불합격시키고 야단치기 위해 부른 분위기가 아니다.

그는 살갑게 웃으며 '권○○ 교수 방에서 어떻게 문제를 해결했는지' 물었다.

내가 자초지종을 설명하자 그는 의미심장한 미소를 지으면서 혼잣말로 이렇게 말했다.

"에이, 권 교수도 참, 그냥 학생한테 사실대로 말하지 뭘 번거롭게 각주 확인한다고 그런 고생을 시키나….”

그리고는 갑자기 진지한 표정으로 이렇게 말했다.

“사실 우리가 김 전도사님을 만나려고 한 진짜 이유는 김세윤 교수와의 인연을 끊으라고 당부하기 위함이었습니다. 우리가 판단할 때 김세윤 교수는 독일 신학의 영향을 받은 자유주의 신학자로서 총신의 정체성을 위협하는 인물입니다. 우리는 어떻게든 김 교수를 총신에서 내보내야겠다고 생각을 하고 있었는데, 이번에 논문 심사를 하다 보니 김세윤 교수가 제시한 기존 바울신학의 기독론과 구원론적 논지를 교회론으로 확대 발전시키는 학생이 있는 것을 보고 여기서 미리 싹을 자르지 않으면 큰일 나겠다 싶어서 그 이야기를 해주려고 일부러 만남의 기회를 갖고자 김 전도사님의 논문을 불합격 처리한 것입니다.…내가 볼 때 김 전도사님 정도의 실력이면 앞으로 외국에 나가서 짧은 시간 안에 학위를 마치고 국내로 돌아와 강단에 설 자격이 충분합니다.…그러나 김세윤 교수와의 인연을 정리하지 못하면 앞으로 총신에서는 강단에 설 기회가 결코 없을 겁니다.… 자, 이것으로서 우리가 하고 싶은 말은 충분히 전달되었을 줄로 믿습니다.”

말이 끝나기 무섭게 정○○ 교수는 아무런 망설임도 없이 곧바로 내 논문을 합격 처리해주었다.

뜨악한 방식으로 F에서 P로 운명이 바뀐 논문을 교무과에 제출하고서 교정을 가로질러 나오는 내 마음은 참담하기 이를 데 없었다.

나는 총신신대원에 재학 중이던 3년 동안 줄곧 앞으로 공부를 열심히 해서 좋은 학자가 되어 훗날 모교의 교단에 서서 성심껏 후학들을 잘 가르쳐 좋은 목회자들을 배출하는 데 이바지하는 것이 나의 진정한 소명이라고 생각했던 사람이었다.

그런데 그 꿈이 한순간에 와르르 무너졌다.

이런 게 교수 사회고, 이따위가 신학교의 진짜 모습이라면 굳이 이런 사람들과 뒤섞여 함께 적당히 비비고 뭉개면서 회칠한 무덤처럼 살 이유가 없었다.

그때 나는 굳게 결심했다.

"내 평생에 이 학교를 두 번 다시 오는 일은 없을 것이다."

그리고는 총신대 사당동 캠퍼스 정문 앞에서 신발을 벗어 따~악 따~악 소리가 나도록 흙먼지를 털었다.

내 딴에는 그 와중에도 성경의 원리대로 행동한 것이었다(나도 참…).

그리고 정말 지금까지 단 한 번도 총신에 발걸음을 들이지 않았다.

심지어 신학대학원 졸업식도 안 갔다.

내가 총신신대원 87회 졸업생이면서도 정작 졸업장도 졸업 앨범도 없는 까닭이 여기 있다.

그리고 이 사태는 내가 신학자의 길을 포기하고 현장 목회자로서의 길을 모색하게 된 이유이기도 하다.

번개 일화

내가 1996년에 군목으로 첫 발령을 받은 부대는 수도기계화사단 기갑여단이었다.

일명 맹호사단 기갑여단이었다.

수기사 기갑여단의 별칭은 '번개부대'였다.

중무장한 장갑차와 탱크를 기반으로 번개처럼 신속하게 적을 타격하고 임무를 완수한다는 의미에서 부대 명칭을 그렇게 지었던 것 같다.

부대 명칭이 번개다 보니 자연스럽게 교회 이름도 '번개교회'가 되었다.

번개교회라?

아마 군인교회가 아니고서는 그런 교회 이름을 찾아보기가 쉽지 않을 터다.

아무튼 나는 군목으로서 첫 담임 목회를 번개교회에서 시작했다.

수기사 기갑여단은 포천 하심곡이란 곳에 위치하고 있다.

삼면이 산으로 둘러싸인 일종의 분지 같은 지형이었다.

게다가 이곳은 날이 궂거나 비가 오면 '번개'가 자주 떨어졌다.

그러다 보니 벼락에 맞아 전기가 두절되거나 시설이 파괴되는 일이 흔했다.

최소한 한 달에 한 번꼴로 번개를 맞았던 기억이 있다.

그때마다 포천 읍내에 위치한 한국전력에 전화를 걸어 SOS를 치는 일이 월례 행사였다.

가령 이런 식이다.

"거기 한전이죠? 여기 하심곡에 있는 '번개'부대의 '번개'교회인데요, 방금 '번개'를 맞아서 전기가 떨어져서요. 빨리 와서 복구해주세요."

워낙 자주 같은 전화를 해대니 한전에서도 으레 그런 줄 알고 군말 없이 와서 전기를 살려주었다.

세월이 꽤 지났는데도 번개 치는 날을 만나면 그때 그 기억이 고스란히 살아난다.

그나마 부대(교회) 이름을 번개로 지었으니 망정이지, 우박이나 뇌성벽력으로 지었으면 큰일 날 뻔했다.

새물결이란 이름이 탄생하게 된 비화

2006년도 일이다.

교회 이름을 새로 작명해서 노회에 보고하고 승인을 얻을 일로 분주했다.

당시 내 마음을 강렬하게 사로잡았던 이름은 '예수로 교회'였다. 풀어쓰면 '예수의 길을 따르는 교회'다. '예수의 길' 교회란 이름도 생각을 해봤으나 그냥 한자로 '예수로(路)' 교회라고 부르는 게 더 나을 듯했다.

세속화의 물결이 세상과 교회를 집어삼킨 시대에 맞서 예수의 정신, 가치, 삶의 방식을 따르는 교회가 되자는 의미를 가진 '예수로'란 이름이 맘에 쏙 들었다.

교회 가명(假名)을 정하고 교인 투표에 부쳐 만장일치로 동의를 받았다.

필요한 서류를 완비한 후 봄 정기노회에 교회 이름을 '예수로'로 바꾸겠다는 신청서를 제출했다.

그런데 웬걸, 단칼에 거부당했다.

거부 사유도 당혹스럽기 짝이 없었다.

노회 석상에서 정치부 서기 목사가 하는 말이 이랬다.

"김요한 씨가 신청한 '예수로 교회' 이름 사용은 불허하는 것이 가한 줄로 아뢰오. 그 이유는 예수로 교회란 이름이 올림픽대로, 남부순환로 같은 인상을 줌으로써 예수님이란 이름 뒤에 붙는 것이 합당치 않기 때문으로 사료되어…."

기가 막혔다.

예수로의 '로'가 그런 의미가 아니라는 것은 삼척동자도 다 알 수 있는 사실인데 그걸 억지로 서울시 도로의 하나처럼 평가절하하는 답변이 도저히 납득이 되지 않았다.

하지만 아무리 따지고 읍소를 해도 씨알조차 먹히지 않았다.

이미 정치부에서 결정된 사항이니 끝이라는 것이다.

그런데 더 웃긴 것은 같은 노회에서 수원에 교회를 개척한 후배 목사가 신청한 '활주로 교회'라는 이름은 아무런 제재나 이의 없이 무사통과했다는 것이다.

내가 쉬는 시간에 정치부 목사들한테 "예수로는 안 되고 활주로는 되냐?"고 재차 따지듯이 반문하자, 이런 대답이 돌아왔다.

"그러길래 미리 밥도 좀 사고 봉투도 준비하고 했어야지…."

말인즉슨 예수의 길이 남부순환로나 올림픽대로와 동격이 된 이유는 내가 눈치가 부족해서 정치부 목사들 대접에 소홀했기 때문이라는 것이다.

하기사 총회나 노회의 정치 목사들에게 대체 무얼 기대할 수 있겠는가?

입으로는 성(聖) 총회니 노회니 연신 외치지만 그 안에는 썩어 문드러진 시체와 구더기만 가득한 집단이 아니던가.

경건의 능력뿐 아니라 경건의 모양도 잃어버린, 탐욕과 위선만 가득한 집단이 아니던가.

아무튼 그렇게 해서 애초에 계획했던 예수로 교회는 물 건너갔고, 다시 한동안 고심 끝에 새로 지은 교회 이름이 바로 새물결 교회였다.

그리고 새물결 교회에서 탄생한 출판사가 바로 새물결플러스다. (처음에는 그냥 교회에서 만든 출판사니 교회 이름을 그대로 쓰는 편이 합당할 것 같아 별 고민 없이 새물결플러스로 지은 것이다.)

어쩌면 출판사 이름이 예수로플러스가 될 뻔한 운명이었는데 우여곡절 끝에 새물결플러스가 되었으니, 이것도 하나님의 섭리라면 섭리일지 모르겠다.

어떤 하극상?

인생을 살면서 몇 차례 선배 혹은 고참에게 대놓고 덤빈 적이 있다.

그것도 나보다 훨씬 키가 크고 힘이 센 사람들한테 말이다.

자칫 크게 봉변을 당할 수도 있는 상황이었다.

다행히 맞거나 다치지는 않았지만 그런 행동을 하기 위해서는 상당한 '용기'가 필요했다.

아찔한 순간이었지만 다시 그때로 돌아간다 해도 아마 비슷한 행동을 하지 않을까 싶다.

기억에 선명하게 남아 있는 몇몇 사건이 있다.

하나는 대학교 4학년 때 일이다.

당시 헤비급 씨름 선수 수준의 덩치를 가진 2년 선배가 있었다.

공부는 뒷전이고 학교에 오면 종일 먹고 근력 운동을 하는 데만 열중하던 사람이었다.

온몸이 근육질이어서 사람들이 그를 가리켜 곧잘 '람보'라고 불렀다.

그가 나도 잘 아는 후배 여학생 한 명을 좋아했던 모양이다.

그런데 어느 날 그 선배가 후배 여학생에게 사귀자고 했다가 거절을 당하자 앙심을 품고 얼굴을 때렸다는 소문이 학교에 파다했다.

하지만 그가 평소 일삼는 행동도 과격한 데다가 덩치가 워낙 크다 보니 아무도 대놓고 뭐라 따지질 못했다. 다들 뒤에서만 수군거리고 있었다. (요즘 세상 같았으면 인터넷에서 사회적 매장을 당했을지도 모른다.)

나는 친한 후배가, 그것도 여학생이 어처구니없는 이유로 얼굴을 맞았다는 소식을 듣자마자 열불이 나서 견딜 수가 없었다.

그래서 작심을 하고 그를 찾아서 학교 전체를 이 잡듯 뒤지고 돌아다녔다.

1시간쯤 캠퍼스를 샅샅이 훑다가 마침내 도서관 한쪽 귀퉁이에서 책을 펼쳐놓고 곤하게 잠을 자고 있는 그 람보 선배를 발견했다.

조용히 밖으로 나가서 할 이야기가 있다고 그를 불러낸 후 외진 벤치로 데려갔다.

그러고는 다짜고짜 반말로 말했다.

"야, 너, ○○이 때렸다며? 너 오늘 나한테 죽을래? 아니면 지금 당장 ○○이한테 가서 정식으로 사과할래?"

그 선배는 눈이 휘둥그레져서 나를 쳐다봤다.

그의 얼굴은 벌겋게 달아오른 상태였다.

체구도 아담한 데다가(대학생 시절 나의 체중은 겨우 56-7kg 내외였다) 평소 논리적으로 조곤조곤 말하는 내 모습만 보다가, 갑자기 자신에게 반말로 따지는 나를 대하니 놀랄 만도 했을 것이다.

나는 아랑곳하지 않고 계속 몰아붙였다.

당장 사과를 할래, 아니면 나한테 혼날래?

내가 당차게 눈을 부릅뜨고 대들면서 말하니 결국 그가 항복했다.

그는 자신이 잘못했으며, 지금 당장 후배 여학생을 찾아가 정식으로 사과를 하겠다고 말했다.

나는 그의 사과를 받아들였고, 다시 그에게 깍듯한 존댓말을 하면서 선배 예우를 해줬다.

이와 비슷한 사건이 군목 시절에도 있었다.

경기 고양시에 주둔한 30기계화보병사단 예하 92여단에서 근무할 때다. (현재는 신도시 건설로 인해 부대 규모를 재조정해서 30기계화보병여단으로 바뀌었다고 한다.)

하루는 급히 처리할 서류가 있어 사단의 군종부를 방문했다가 당혹스러운 장면을 목도하게 되었다.

군종병들이 내게 "목사님, 이것 좀 보세요"라며 바지를 걷고 정강이를 보여주는데 시퍼런 멍이 잔뜩 들어 있었다.

"어, 무슨 멍이 그렇게 많아? 너희들, 누구한테 맞았니?"라고 물어

보니 놀랍게도 군종참모 목사에게 종종 정강이를 차여서 그렇다는 것이었다.

이른바 위계에 의한 상습구타였다.

예나 지금이나 군에서는 구타를 근절시키기 위해 무던히도 애를 쓰고 있었고, 그 중심에 헌병(군 사법 경찰) 및 인사 파트와 더불어 엄연히 군종부가 자리하고 있었다.

따라서 다양한 정신 교육이나 선도 업무를 통해서 병영 내의 구타를 근절하는 것이 군종장교들에게 주어진 주요 임무 중 하나였다.

그런데 정작 사단 군종참모가 자기 휘하에 있는 군종병들을 상대로 폭력을 행사하고 있었던 것이다. 더욱이 성직자가 폭력이라니.

그야말로 놀랠 노자에 까무러칠 까자였다.

물론 평소 행동거지나 이력을 보면 충분히 그럴 만도 했던 위인이었다.

'군목'들은 '목'자를 강조하는 사람과 '군'자를 강조하는 사람으로 나뉘는데, 그는 전형적으로 '군'자를 앞세우는 사람이었다.

자기보다 계급이 높은 사람 앞에서는 온갖 아부를 다 떨고, 자기보다 끗발이 하나라도 낮은 사람에게는 눈을 부라리기 일쑤였다.

그는 190cm가 넘는 키에 공수부대에서 오랜 기간 단련한 근육을 갖고 있었다. 무엇보다 성격이 불같아서 심기가 뒤틀리면 순간적으로 어떻게 행동할지 전혀 예측이 안 되던 사람이었다.

그러니 군종병들이 어디로 튈지 모르는 그의 왜곡된 감정배설의 무참한 희생자가 될 수밖에 없었다.

20대 초반 젊은이들의 정강이 곳곳에 시퍼렇게 멍들어 있는 것을 보니 내 마음에 분노가 치밀었다. (흥미로운 점은 당시 사단 군종병들 가운데는 아버지가 현역 장군인 병사도 있었는데 그는 전혀 구타의 대상이 아니었다는 것이다. 나는 그 사실을 알고 나서 군종참모가 더욱 야비하게 느껴졌다.)

군종병들이 '차마 누구한테도 이 사실을 말할 수가 없어서 가슴속에만 꽁꽁 묻어두고 지내다가 아무래도 92여단 목사님한테는 털어놓으면 도와주실 것 같아' 어렵게 말을 꺼냈다는 이야기를 듣고, 나는 부대로 그냥 복귀할 수가 없었다.

내 마음에서 분이 이글이글 타올랐다.

그리고 목사가 사병들에게 이런 짓을 저질렀다는 것에 대해 같은 목사로서 미안함과 회한을 느꼈다.

그래서 어딘가로 외출한 군종참모가 돌아올 때까지 오후 내내 그 자리에 앉아 기다렸다.

마침내 별일 없다는 표정으로 돌아온 군종참모-나보다 군종 기수로 11기 선배였다-를 발견하자마자 나는 웃으면서 따로 긴히 드릴 말씀이 있어 찾아뵈었다고 이야기를 하고서 살갑게 그의 옷소매를 잡아끌고 사단 참모의 집무실로 들어갔다.

이어 곧바로 안에서 방문을 굳게 잠갔다.

그 뒤에는 무슨 일이 벌어졌을까?

앞서 언급한 내 대학 시절 일과 동일한 상황이 반복되었다.

나는 군종참모에게 반말로 또박또박 '만약 앞으로 한 번만 더 군종병들을 때리면 헌병에 바로 신고를 해서 육군 교도소로 보낼 것'이라고 경고를 했다.

그는 얼굴이 붉게 달아올랐지만 내가 워낙 매섭게 쏘아붙였기 때문에 아무 말도 하지 못했다.

할 말을 모두 마친 다음 나는 다시 예를 갖춰 '필승' 구호와 함께 거수경례를 하고 돌아서서 나왔다.

그리고 사단 군종병들에게 '앞으로는 절대로 정강이를 쪼이는 일이 없을 것이니 안심하라'고 격려를 해줬다.

훗날 92여단에서 내가 데리고 있던 군종병에게 전해 들은 바에 따르면, 그 사건 이후 사단 내 전체 군종병들 사이에서 그 일이 큰 화젯거리가 되었다고 한다.

군종병들 사이에서는 내가 일종의 영웅처럼 보였던 것같다.

아무튼 그 일이 있은 후 군종참모는 나를 더 이상 대면하지 않으려고 했다.

그러거나 말거나.

그 외에도 선배 혹은 고참들에게 대든 일이 몇 차례 더 있으나 과히 좋은 기억은 아닌 까닭에 이쯤에서 생략하려고 한다. (목회를 하는 동안 부패하고 사악한 총회와 노회의 정치 목사들과 큰 싸움을 벌인 적이 있었다. 성직자는커녕 종교인이라고도 말할 수 없는 저질들과의 싸움이었다. 교계에 이런 사람들이 한 자리씩 차지하고 거들먹거리는 경우가 적지 않은 현실이 개탄스럽다.)

다만 분명한 것은 살면서 더욱 옳은 일을 위해 용기를 내야 할 때 그러지 못한다면 정의의 실현도, 자비의 실천도 어렵다는 것이다.

그리고 용기를 내야 하는 상황 안에는 당연히 '미움받을 용기'도 포함된다.

목사님, 잠깐만 타임!

물론 그렇다고 내가 아무나 들이받는 사람은 결코 아니다.
오히려 훨씬 더 많은 경우에 참고 또 참는 목사의 삶을 산다.
그리고 경영자의 삶도 이와 크게 다르지 않다.
크고 작은 조직에서 리더의 또 다른 이름은 '참는 자'다.

제30기계화사단 92여단에서 군종장교로 근무할 때 일이다.
예하 대대 하나가 경기도 파주 월롱면에 위치하고 있었다.
나는 주일이면 아침 9시에 경기도 장흥의 전차대대에서 예배를 인도하고, 11시에 송추의 여단 본부와 기계화보병대대에서 예배를 드린 다음, 오후 2시에 1군단 탄약고 경계병들을 위해서 예배를 인도하고, 4시에는 파주에 있는 또 다른 전차대대에서 예배를 드렸다. 그리고 마지막으로 저녁 7시에 송추로 돌아와서 예배를 인도하면 주일 하루가 끝났다.
그야말로 강행군이었다.

특히 여름 행락철이면 부대가 위치한 지역의 교통 체증이 너무 심해서 예배 시간을 맞추기 위해 일반도로를 포기하고 꼬불꼬불한 산길을 택해 차를 몰아야만 하는 상황이 왕왕 발생하곤 했다.

당시 여단 예하 3개 대대 중 지휘관이 기독교 신자인 곳은 파주에 위치한 전차 대대뿐이었다.

그곳 부대 지휘관(중령)은 가족과 함께 주일 예배에 꼬박꼬박 참석했다.

그런데 그는 매주 예배 시간마다 참으로 기괴한 행동을 반복했다.

군인교회란 곳은 일반 사회의 교회와 달라 대다수 병사들이 잠을 자거나 간식을 챙겨먹기 위해 교회로 오는 경우가 흔했다.

신앙이 없음에도 부대에서 '1인 1종교' 갖기를 권장하는 통에 억지로 '종교 행사'에 참석하는 일도 잦았다.

당연히 그런 병사들이 군집한 예배 분위기가 경건하고 조용할 리가 만무했다.

군인교회에서는 예배 시간에 잠을 청하거나 잡담을 나누는 병사들을 흔히 볼 수 있었다.

그런데 이곳 파주의 전차대대를 맡고 있는 지휘관은 예배 시간에 병사들이 잡담을 나누는 것을 도저히 용납하지 못했다.

(통상 군인교회에서는 지휘관이 항상 회중석 맨 앞자리에 착석한다.) 이○○ 대대장은 예배 시간에 뒷자리에서 병사들이 수군거리는 소리가 들리면, (목사가 한참 설교를 하고 있는데도) 손을 번쩍 들고

일어나 "목사님, 잠깐만 타임"을 외쳤다.

그리고 고개를 뒤로 돌려 큰소리로 병사들을 꾸짖었다.

그렇게 일장 훈시가 끝나면 다시 목사를 향해 설교를 재개하라는 시그널을 보내고선 아무 일도 없었다는 듯이 유유히 자리에 앉았다.

아이고 맙소사, 그가 이 짓을 매 주일 반복했던 것이다.

나는 그의 돌출 행동 때문에 정말 미칠 지경이었다.

아무리 병사들을 조용히 시키려고 하는 행동이라지만 그렇게 주일 예배 시간마다 설교를 중간에 끊어버리니 예배를 인도하는 흐름이 확 끊어지곤 했다.

목사로서 자존심이 상했고, 기분도 나빴다.

"이걸 어떡하나?" 나는 수없이 고민을 거듭했다.

솔직히 성질 같아서는 공개적으로 망신을 주든지, 꾸짖든지, 아니면 다음 주일부터는 예배 인도를 하지 않겠다고 할 수도 있었다.

하지만 나는 일체 그런 식의 행동은 하질 않았다.

마음속으로는 그 대대장의 괴이한 행동에 몹시 기분이 나빴지만 겉으로는 일절 내색을 하지 않았다.

그 이유는 딱 한 가지 때문이었다.

그 부대에서 대대장 가족 외에 교회를 나오는 간부 신자는 어느 준사관 부인 단 한 명뿐이었다.

간부 신자들이 많아야 (헌금도 하는 등) 군인교회 운영이 원활하게 돌아가는데, 그런 면에서 그 전차대대 교회는 사정이 너무 열악

했다.

내가 처음 92여단에 부임했을 때 전해 듣기로는 그 준사관 부인 혼자 전차대대 교회를 10년 이상 지켰다고 했다.

그녀는 얼마 안 되는 남편 월급의 십일조를 갖고 매 주일 병사들을 먹일 초코파이와 음료수를 책임졌던 것이다.

그녀는 집사의 신분으로 혼자 교회 살림을 책임지는 것이 너무 고되고 외로워서 중도에 부대 밖에 있는 일반 교회로 옮길까 몇 번이고 고민을 했지만 그렇게 될 경우 매주 교회를 찾아오는 병사들을 누가 돌보겠는가 하는 책임감에 차마 결행을 못한 채 10년의 세월을 홀로 그 자리를 지킨 것이었다.

내가 그 문제의 대대장을 들이박지 않았던 유일한 이유는 바로 그 집사님 때문이었다.

나는, 신앙이 성숙하지 않은 대대장이 목사한테 망신을 당한 다음 행여 그 화풀이를 그 집사님한테 하면 어떡하나 싶은 걱정에, 차마 대대장한테 볼멘소리를 할 수가 없었다.

어차피 시간이 흘러 보직 기간이 지나면 군종목사도 그 부대를 떠나고, 대대장도 다른 곳으로 갈테니 말이다.

하지만 그녀는 앞으로도 오랫동안 그곳에 남아 군인교회를 지켜야 한다.

그러니 그녀에게 해가 되거나 불똥이 튈 수 있는 일을 할 수가 없었다.

만에 하나 그 집사님이 대대장한테 싫은 소리를 듣고 홧김에 민간 교회로 교적을 옮기기라도 한다면 그곳 전차대대의 군인교회는 누가 지킬 것인가?

나의 알량한 자존심 때문에 군인교회 하나를 초토화시킬 수는 없는 노릇이었다.

또 10년 이상을 홀로 힘겹게 교회를 지킨 하나님의 딸의 마음을 아프게 할 수는 없었다.

그냥 나 혼자 꾸~욱 참으면 될 일이라 여겼다.

하여간 살면서 매 주일 목사의 설교를 중단시키고 목사보다 더한 일장 훈계를 늘어놓는 교인은 그때 처음 봤다.

당시는 참 징글징글했다.

그래도 시간이 지나니 그런 일조차 하나의 추억거리가 되고, 무엇보다 그때 참기를 참 잘했다는 생각이 든다.

그 사람들 지금은 어떻게들 살고 있을까.

선교사의 길?

30사단 92여단을 떠난 다음에는 같은 사단의 90여단으로 옮겼다.

92여단에서는 안 좋은 기억이 적잖이 있었지만, 90여단에서는 매사 즐겁고 활기 넘치는 군목 생활을 이어나갔다.

부대 군종 활동뿐 아니라 군인교회 목회에도 엄청난 열매들이 나타난 시기였다.

성령의 강력한 역사를 힘입어 날마다 기사와 표적이 끊이질 않았다.

그 결과 연간 2/3가량 고된 야외 훈련을 수행하는 부대임에도 불구하고 매일 새벽마다 예배당이 병사들로 가득 찼다.

놀라운 은혜를 맛본 병사들은 새벽기도에 참석하기 위해 일부러 자청해서 새벽 2-4시 타임에 불침번 혹은 경계근무를 선 후 곧바로 교회에 와서 새벽기도를 드렸다.

종교가 다른 지휘관들도 틈만 나면 목사를 찾아와서 '안수기도'를 부탁하곤 했다.

그때 만난 교인 중에 민○○ 집사가 있었다.

그녀는 준사관 남편을 둔, 이른바 군인가족이었다.

민 집사 가족은 내가 90여단에 부임한 지 몇 달이 지났을 때 경기도 전곡에 있는 모 부대에서 전출을 왔다.

민 집사 역시 '기도의 사람'이었다.

비가 오나 눈이 오나 새벽기도를 거르는 법이 없었던 것은 물론이고 그것도 모자라 틈만 나면 교회에 와서 무진장한 기도를 드렸다.

작은 체구 어디서 저런 영적 끈기가 나오나 싶을 지경이었다.

민 집사의 남편 이○○ 집사는 훤칠한 키에 서글서글한 성격을 지닌 호남형의 군인이었다.

민 집사의 말에 의하면, 처음 만난 자리에서 본 남편의 모습에 홀딱 반해 아무런 망설임 없이 결혼을 결정했다고 한다.

하지만 그때만 해도 군복을 입은 그 멋진 청년은 예수를 전혀 믿지 않고 있었다.

그럼에도 민 집사는 남자의 외모가 너무 맘에 들어서 스스럼없이 결혼을 약속하며 혼자 속으로 이렇게 다짐했다고 한다.

"내가 이 남자의 집에 선교사로 들어가서 온 집안을 다 그리스도께로 인도해야겠다."

그렇게 해서 남편을 따라간 곳이 강원도 양구에 있는 모 부대였다.

하지만 막상 군인가족의 삶을 살아보니 처음 예상과 너무 달랐다.

다른 군인가족들과 쉽게 어울리지도 못했을뿐더러 외롭고 적적한 강원도 산골생활에 영 적응이 안 되었다.

더욱이 쉽게 예수를 믿을 것 같았던 남편은 신앙 이야기만 나오면 요지부동이었다.

강원도 산골생활이 너무 힘들었던 민 집사는 그때부터 새벽마다 교회에서 가서 지극정성으로 '이곳을 빠져나가게 해달라'고 기도했다고 한다.

그렇게 7년이 흘렀다.

마침내 기도가 응답되었다.

남편이 경기도 전곡에 있는 부대로 전출을 가게 된 것이다.

그런데 막상 전곡에 가서 보니 그곳도 외진 시골이기는 매한가지였다.

그래서 또다시 '다른 곳으로 옮겨달라'고 5년을 더 기도했다고 한다.

그 결과 전곡에서 고양시 원당으로 온 것이었다.

쉽게 말해 강원도 양구에서 경기도 고양시까지 오는데 12년의 세월이 걸렸던 것이다.

자동차로 3시간이면 갈 수 있는 거리를 무려 12년에 걸쳐 야금야금 움직여야 했던 것이다.

달리 말하면 자동차로 3시간 거리를 이동하기 위해 12년에 걸쳐 죽어라 기도를 드렸던 셈이다.

물론 그 사이에 하나님의 은혜로 남편이 기독교 신앙을 갖게 된 것은 참으로 감사한 일이었다.

하지만 (당시만 해도) 다른 시댁 사람들은 기독교에 대해서 여전히 배타적이었다.

하루는 민 집사가 내게 이런 말을 했다.

"목사님, 선교사 되겠다고 함부로 서원하는 게 아니더라고요. 제가 처음부터 예수 잘 믿는 청년하고 결혼했으면 지금쯤 훨씬 더 많은 사람들을 전도했을 수도 있었을 텐데, 예수 안 믿는 집에 시집가서 저 집을 복음화시키겠다고 멋도 모르고 나섰다가 톡톡히 대가를 치렀습니다. 호호."

어디 그녀뿐이랴?

얼마나 많은 그리스도인들이 자신의 열심이나 욕망과 하나님의 뜻을 분별하지 못해 엄한 고생을 하고 아까운 세월을 허비하는가!

이처럼 인생이란 게 한 번 잘못 꼬이면 자동차로 몇 시간이면 갈 수 있는 거리를 몇십 년에 걸쳐 돌아갈 수도 있는 노릇이니, 무릇 모든 그리스도인들은 늘 조심하고 또 조심할 일이다.

배은(?)과 보은 사이

7년간 군종장교 생활을 하는 동안 2명의 병사가 소위 의가사 제대란 것을 하는 일이 있었다.

그중 한 친구는 목사 아들이었고, 한 친구는 집사 아들이었다.

30사단 90여단에서 있었던 일이다.

김○○ 상병은 간질 증세가 있었다.

그것도 교회에서는 멀쩡하다가 부대만 가면 증세가 심해졌다.

게다가 꼭 검열이나 훈련을 앞두고 그랬다.

자연히 부대에서는 '꾀병' 혹은 '자작극'을 의심했다.

부대가 한창 바쁠 때마다 혼자 병을 핑계로 이탈을 하니 그 빈자리를 누군가는 대신 메워야 했기 때문에 간부들뿐 아니라 동료 병사들 사이에서도 그를 좋아하는 사람이 없었다.

부대원 대부분이 그를 '유령' 취급하는 상황이 되자 그가 부대의 단결을 저해한다고 판단한 해당 지휘관이 나에게 와서 '교회에서 김

상병을 맡아 달라'고 부탁을 하게 되었고, 그렇게 그는 일과 시간에도 교회로 와서 군종병들과 같이 생활하게 되었다.

그런데 앞서도 말한 것처럼 교회에서는 그의 컨디션이 굉장히 좋았다.

문제는 교회에서 활력이 넘치는 모습을 보고 건강이 회복되었다고 판단해서 부대로 복귀시키면 또다시 병이 재발하는 것이었다.

나는 한편으로 그의 병이 진짜라고 믿고 싶었기 때문에 최대한 그의 편에서 모든 일을 처리하려고 했다.

그러던 어느 날부터 김○○ 상병의 어머니가 부대와 교회를 찾아오기 시작했다.

아들이 병 때문에 도저히 군 생활을 계속할 수 없으니 의가사 제대를 시켜달라는 것이었다.

그러면서 상급 부대와 요로에도 각종 민원을 넣기 시작했다.

나에게도 같은 목사 부모로서 부탁을 하니 제발 아들이 일찍 군 생활을 마칠 수 있게 적극적인 역할을 해달라고 읍소를 했다.

나도 난감했고, 부대에서도 당혹스러워했다. (군의관과 지휘관은 여전히 '꾀병'이라고 판단하는 상황이었다.) 분위기가 그렇다 보니 일이 빨리빨리 진행될 리 만무했다.

하지만 그의 어머니는 집요하고 끈질겼다.

아마 아들이 날마다 집으로 전화를 걸어 독촉을 하는 것 같았다.

나는 어떻든지 간에 그의 편에 설 요량이었기 때문에 기회가 닿는 대로 의가사 제대를 시켜줄 것을 지휘관에게 건의하였다.

그렇게 한동안 실랑이를 벌이다 마침내 조기 제대가 확정되었고, 그는 유유히 부대 위병소를 나섰다.

그리고 그날 이후로 그의 부모나 그에게서 단 한 번도 연락이 오지 않았다.

의가사 제대 케이스에 해당하는 두 번째 친구는, 사실 내 책임이 적잖았던 경우다.

어느 순간 교회에서 피아노 반주를 할 사람이 사라졌다. (본래는 반주 봉사를 하는 여학생이 있었는데 부모가 다른 부대로 전출을 가면서 반주자 자리가 비게 되었다.)

피아노를 칠 사람이 없다 보니 예배 시간마다 내가 일일이 찬송가 선창을 해야 했는데 이게 여간 불편한 일이 아니었다.

그래서 고민 끝에 부대 인사과를 찾아가 새로 전입 오는 신병 가운데 신앙 유무와 상관없이 피아노를 조금이라도 칠 줄 아는 병사가 있으면 무조건 군종병으로 선발해달라고 청탁(?)을 넣었다.

부대 인사과에서는 매주 전입 오는 신병들을 상대로 '피아노 칠 줄 아는 사람'을 물색했다.

하지만 악기를 다룰 줄 아는 병사는 좀처럼 나타나지 않았다. 그렇게 몇 달이 흘렀다.

마침내 '피아노를 연주하는' 병사 하나가 전입을 왔다. 오오, 유레카!

더욱이 그는 입대 전에 교회도 다녔다고 했다.

부산에서 올라온 조○○ 이병이었다.

그런데 알고 보니 어렸을 적에 동네 음악학원에서 고작 체르니 30번까지 배우다 만 친구였다.

김이 쫘~악 빠졌다.

하지만 어쩌랴? 이빨이 없으면 잇몸이라도 써야지.

그렇게 해서 그는 어설픈 솜씨로 그야말로 뗑까뗑까 소리를 내며 예배 반주를 맡았다.(나는 마음속으로 차라리 내가 육성으로 찬송 인도를 하는 게 훨씬 낫겠다는 생각을 수없이 반복했다.)

아쉽게도 그 친구와의 동거(?)는 그리 오래가지 못했다.

사연은 다음과 같았다.

새로 발탁된 '피아노 치는' 군종병은 보통 키인데도 체중이 100kg을 훌쩍 넘었다.

몸이 비대하다 보니 자연히 행동이 굼뜨고 둔했다.

군인의 기본인 '구보'도 버거워했다. (솔직히 그 친구가 걷는 모습을 보는 것만으로도 안쓰러웠다.)

군종병의 주요 임무 중 하나가 '전시에 군종장교의 안전과 생명을 지키는 것(군종장교는 제네바 협약에 의해 총을 소지 못하게 되어 있다)'인데 오히려 내가 군종병을 지켜줘야 할 상황이었다.

그래서 나는 그에게 정식으로 군종병을 하려면 한 달 동안 이를 악물고 운동을 해서 체중을 90kg까지 줄이라고 엄포를 놨다.

그는 군종병이 너무도 하고 싶었는지 매일 틈나는 대로 운동을 하기 시작했다.

그러던 어느 날 팔굽혀펴기를 하던 도중 쇄골이 부러지고 말았다. 자기 체중을 견디지 못한 것이다.

결국 그는 부상을 이유로 자대에 온 지 몇 달 만에 의가사 제대를 했고, 어렵사리 구한 피아노 반주자는 다시 연기처럼 사라졌다.

나는 괜히 힘들게 운동을 시켜 군 생활을 못하게 만들었나 싶어서 그에게 미안한 마음이 컸다.

나중에 보니 그것은 나의 기우였다.

그는 진심으로 내게 고마워했다.

뿐만 아니라 그의 부모님도 진심으로 고마워했다.

그는 이후로도 매년 성탄절에 맞춰 크리스마스 카드와 함께 감사를 담은 손 편지를 꼬박꼬박 보내왔다.

가히 부산 싸나이의 의리라고나 할까.

더 이상 자동차한테 안수기도는 안 합니다

목회를 하다 보면 교인들 가운데 종종 '새 차'를 구입했다며 안전 운행할 수 있도록 차에 안수기도를 해달라고 부탁하는 일이 있다.

나도 몇 번 그런 경우를 겪었다.

물론 당시에는 차에 뜨겁게 안수기도를 해줬다.

목사가 차에 손을 얹고 기도를 해준다고 무슨 영험한 효력이 나타나겠는가. 안전 운행을 위해서는 운전자가 늘 조심하고 또 조심해야하는 법이다. 다만 무사고를 염원하는 교인의 마음이 다치지 않도록 배려하는, 순전히 목회적인 차원에서 안수기도를 했다.

하지만 2000년 이후 내 인생에서 자동차에 안수기도하는 일은 완전히 사라졌다.

30사단 90여단에서 근무할 때다.

교인들 가운데 젊은 중사 부부가 있었다.

신앙생활을 시작한 지 얼마 안 된, 일종의 초신자였다.

결혼을 일찍 해서 20대 중반에 벌써 아이가 둘이나 있었다.

매 주일 아침 부부가 각자 아이를 한 명씩 등에 업고 한참을 걸어서 교회로 오는 모습이 한편으로 기특하고 다른 한편으로 애처롭고 안쓰럽기 그지없었다.

그 모습을 볼 때마다 나는 속으로 간절히 기도했다.

"하나님, 저 집에 복을 주셔서 차 한 대만 사주세요."

목사의 알량한 기도가 상달되어서일까?

그 집이 정말로 새 차를 한 대 구입하게 되었다.

나는 소식을 듣고 마치 내 일처럼 기뻤다.

새 자동차가 당도한 날, 남편이 근무 시간에 일부러 짬을 내서 차를 몰고 교회로 찾아왔다.

그리고는 안전 운행을 할 수 있도록 차에 안수기도를 해달라고 간곡히 부탁을 했다.

그는 말끝마다 하나님 은혜로, 목사님 은혜로 드디어 차를 갖게 되었다며 감격스러워했다.

나 역시 마음이 뜨거워져서 그의 차에 손을 얹고 열정적으로 안수기도를 해줬다.

짧게나마 행복한 순간이었다 (목사는 교인이 잘 되면 자기 일처럼 좋고, 교인이 어려우면 자기 책임처럼 고통스럽기만 하다.)

하지만 기쁨과 행복은 그리 오래가질 못했다.

얼마 지나지 않아 그 중사 부부가 주일 예배에 빠지는 일이 잦아지기 시작했다.

월요일에 만나서 '어제 왜 예배에 참석을 못했는지' 물어보면 항상 비슷한 대답이 돌아왔다.

본가에 가느라, 처가에 갔다 오느라, 친구 만나느라, 애들 데리고 바람 쐬러 가느라 등등.

아이고, 맙소사.

차가 없을 때는 주일 예배에 참석해서 열심히 신앙생활을 하려고 노력하던 사람들이 정작 꿈에 그리던 내 차를 갖게 된 다음부터는 코에 바람이 잔뜩 들어가 주말마다 전국 사방으로 놀러 다니느라 예배 따위는 안중에도 없어진 것이었다.

나는 몇 번 더 권면한 후에는 더 이상 아무 말도 하지 않았다.

그저 그의 자동차에 손을 얹고 축복기도를 해줬던 내 손이 부끄러웠다.

그 이후로 나는 어떤 이유에서든지 두 번 다시 자동차 따위에 손을 얹고 안수기도를 하지 않는다.

경건과 윤리가 빠진 축복은 그저 미신에 불과하다.

어떤 주님일까?

내가 잘 아는 신학자가 한 사람 있다.

영특하기 이를 데 없는 사람이다.

그가 쓴 글들을 읽어보면 기발하고, 치밀하며, 박식하다.

그런데 가끔은 그의 말과 행동에서 '과연 저 사람이 신을 믿기는 하는 걸까?' 싶은 의구심이 들 때가 있다.

강의 도중 그는 전통적인 기독교의 교의와 주장에서 한참 벗어난 이야기를 즐기며 무신론자들의 주장에 공감을 표하기를 주저하지 않는다. (하지만 사적인 대화 중에는 경건한 신앙 이야기도 곧잘 한다.)

꽤 오래전이다.

하루는 그가 내게 '고기'를 먹으러 가자고 했다.

나는 그러자고 쾌히 맞장구를 쳤다.

그와 이야기를 나누다 보면 신앙적으로는 확실히 결이 달랐지만,

인간적으로는 통하는 게 많았다.

우리는 학교를 벗어나 차를 타고 한참을 이동했다.

목표한 식당에 도착해서 음식을 시킨 후, 그는 조심스런 목소리로 '김 목사님, 혹시 괜찮으면 소주 한 병만 시켜도 될까요?'라고 물었다.

내가 워낙 보수적인 신앙을 갖고 있다 보니 주초 문제에 엄격하다는 것을 잘 알고 있는 까닭에, 나를 배려하기 위해 부러 동의를 구한 것이었다.

나는 편하게 하시라고 했다.

어차피 그와 나는 소속 교단도 다르고 신학적 배경이나 지향점의 차이도 컸던 데다, 그가 평소 술을 즐긴다는 사실을 알고 있었기에, 또 그가 나보다 10년쯤 연장자였기 때문에 내 신앙적인 색채를 앞세워 그를 제지할 마음이 없었다.

오히려 기왕지사 함께 식사를 하러 외출을 했으니 그를 편하게 해줄 욕심이 더 컸다.

이윽고 식사와 술이 나왔다.

그는 정중한 자세로 소주병에 술을 반쯤 따랐다.

나는 그의 행동을 물끄러미 지켜보았다.

그런데 전혀 예상치 못한 광경이 벌어졌다.

그는 밥과 소주잔을 앞에 놓은 후 고개를 숙인 다음 손을 모으고서 참으로 경건한 표정으로 한참 동안 식사 기도를 드렸다.

햐, 진짜 생뚱맞은 장면이었다.

매우 보수적인 신앙적 풍토에서 자라고 목사가 된 나로서는 소주잔을 코앞에 두고 감사기도를 드린다는 것은 상상도 못할 일이었다.

나는 혼자 속으로 생각했다.

"대체 저 양반은 지금 어떤 '주님'한테 기도하는 걸까? 하하."

나는 터져 나오는 웃음을 참느라 입술을 질끈 깨물면서 버텨야 했다.

그 신학자는 이런 식으로 나를 종종 놀라게 하고 당혹스럽게 만들었다.

이따금 내가 그를 보면서 '과연 저 사람이 진짜로 하나님을 믿는 신학자일까?'라며 고개를 갸우뚱거렸던 이유다.

하지만 그게 전부는 아니었다.

그는 가끔 나를 울컥하게 만들기도 했다.

내가 세상의 불의와 부조리를 보면서 울분을 토하면 그는 이런 말로 나를 다독이고 진정시켰다.

"김 목사님, 너무 속상해하지 말아요. 그래도 우리에게는 저 위에 계신 분이 있잖아요. 그분이 언젠가 모든 것을 바로 잡고 신원해주실 거잖아요. 그러니 우리 희망을 잃지 말아요."

누가 가짜인가?

　지방의 한 도시에서 신학생들을 가르치는 모 교수는, 내가 생각하기에 국내 신학자들 중 세 손가락 안에 꼽힐 정도로 탁월한 학문적 능력을 보유한 인물이다.

　거기에 더해 그는 일반 문화와 예술 현상에도 관심이 많고, 손님 접대에도 일가견이 있다.

　많은 사람들이 대체로 대접받기는 좋아해도 남을 대접하는 일에는 인색하거나 서투른 데 반해, 그는 자기가 사는 도시를 방문하는 손님을 위해 기꺼이 시간을 내어 융숭한 대접을 하는 것을 마다하지 않았다.

　아마도 그것이 그의 가장 큰 장점이 아닐까 싶다.

　성경의 주요 가르침 하나가 '환대'라고 할 때, 그는 단순히 성경을 가르치는 데서 머물지 않고 성경의 정신을 실천하는 사람인 셈이다.

　나 역시도 그 도시를 방문할 때마다 수차례에 걸쳐 그에게서 지극한 환대를 받았다.

한 번은 그가 나를 데리고 그 도시의 명물인 전통 한옥 마을을 구경시켜 준 적이 있었다.

때마침 우리가 그곳을 방문한 날에 전통 '굿'이 상연되고 있었다.

무당인 듯한 사람이 화려한 채색옷을 입고 뭐라 뭐라 소리를 질러가며 요란하게 춤사위를 뽐내고 있었다.

많은 관광객들이 그 주위를 에워싸고 흥미롭게 지켜보는 중이었다.

나는 멀리서 그 장면을 보고 기분이 살짝 꺼림직해졌다.

이른바 귀신의 문화 같은 것에 대한 일종의 반감 내지 거부감이었다.

하지만 그는 전혀 아니었다.

그는 호기심이 발동했는지, 굿 구경을 가자며 내 옷소매를 끌어당겼고, 나는 얼떨결에 그에게 이끌려 결국 굿을 하고 있는 무당 앞 수 미터까지 진출하게 되었다.

순간 내 마음속에 장난기가 발동했다.

내가 알고 있기로는 영력이 센 그리스도인이 출현하면 무당이나 마법사가 알아차리고 압도되어 그 능력에 주술을 사용할 수 없다는 것이 기독교계의 정설이었다.

그리고 지금 그 장소에는, 한국의 내로라하는 신학자 한 사람과, 적지 않은 기도를 하는 목사 한 사람이 나란히 서 있었다.

그러니 정상적인 상황이라면 그 무당이 굿을 하다 말고 중단을 하거나, 아니면 청중을 돌아보면서 "누가 내가 굿을 방해하는 것이냐?"고 따져야 맞을 것이다.

나는 내심 그런 일이 꼭 일어나길 원했다.

그런데 웬걸? 그 무당은 우리 두 사람의 존재에 아랑곳하지 않고 더욱더 신명이 나서 덩실덩실 춤사위를 뽐내며 결국 굿을 잘 마쳤다.

나는 기분이 묘했다.

혹시 '우리가 가짜 아닌가?' 하는 생각이 스멀스멀 올라왔다.

우리가 진짜 그리스도인이라면 저 무당이 이토록 현란하게 굿을 할 수는 없을 텐데…. 이상하다, 이상하다 싶었다.

그렇다고 우리 두 사람이 가짜인 것 같지는 않았다.

그럼 혹시 저 무당이 가짜인가 싶기도 했다.

아니면 우리나 저쪽이나 공히 가짜든지.

10년의 세월이 흘렀지만 지금도 뭐가 정답인지 잘 모르겠다.

여전히 알쏭달쏭하다.

그저 제발 나는 가짜가 아니길 바랄 뿐이다.

역대급 숙면을 취하다

세상에서 가장 잔인하고 끔찍한 형벌이 있다면 그건 바로 '잠을 못 자게' 하는 것이리라.

극심한 불면증으로 고통을 당한 경험이 있는 사람이라면 이 말에 충분히 동의를 할 것이다.

나는 거의 25년째 불면증과 싸우고 있다.

잠자리에 누우면 몇 시간이고 말똥말똥한 눈으로 천장을 보고 있다가 결국 몽롱한 상태로 아침을 맞이하기 일쑤다.

그 전날 과로를 해서 몸이 아무리 피곤해도 쉽사리 잠에 빠져들지 못한다.

그러니 사는 게 여간 괴롭고 힘겨운 일이 아니다.

심지어 밤이 무섭기까지 하다.

내 불면증은 초임 군목 시절 겪은 새벽기도에 대한 부담감에서 시작되었다.

나는 부목사로 사역하던 시절만 해도 공식적으로 새벽기도를 면제를 받을 정도로 밤늦게까지 공부를 하거나 일을 하다가 새벽녘에 잠자리에 드는 습관에 익숙했는데, 군목생활을 시작하면서부터는 책임지고 새벽기도를 인도해야 한다는 부담감이 생기면서 혹시 새벽에 못 일어나서 교회를 못 가면 어떡하지 하는 스트레스로 인해 자는 둥 마는 둥 하다가 새벽기도 시간에 맞춰 억지로 기상을 하는 버릇이 점차 몸에 배었고 그것이 불면증의 단초가 되었다.

그 후 결혼을 하고 연달아 세 아이를 낳아 키우면서 새벽까지 좀처럼 자지 못하고 칭얼대는 아이들을 차례로 엎어 재우다 보니 뜬눈으로 밤을 지새우는 일이 더욱 잦아졌다.

마지막으로 15년 전에 출판사를 시작한 이래 종종 새벽까지 교정을 보는 생활이 반복되면서 야행 성향이 완전히 고착되었다고 할 수 있겠다.

그 외에도 몇 가지 이유를 더 꼽을 수 있겠으나 대략 위의 세 가지 요인이 내 불면증의 가장 큰 원인이 아닐까 싶다.

아무튼 이런 복합적 이유로 밤에 깊은 잠을 못 자는 고약한 습관이 몸에 밴 것이다.

앞서도 말했듯이 극심한 불면증 증상 때문에 나의 삶은 여간 괴로운 것이 아니다.

너무 힘들 때면 성경에는 분명 "하나님께서 사랑하시는 사람에게

'잠'을 준다"고 하셨는데, 혹시 나는 하나님이 사랑하시지 않는 사람일까 하는 의구심이 들기도 한다.

그만큼 불면증으로 고생한다는 뜻이다.

하지만 그런 나에게도 꿀잠을 잤던 좋은 추억이 있다.

어찌나 단잠을 잤던지 아침에 일어나자 몸이 날아갈 듯 개운하고 상쾌했다.

때는 바야흐로 2010년 12월이었다.

몇몇 사람들과 함께 네팔의 바르팍이란 마을로 의료선교를 하러 간 적이 있었다.

바르팍은 히말라야 산맥 해발 4,500미터에 위치한 마을이다.

우리 일행이 낡은 버스를 타고 아찔한 절벽 중턱에 난 길을 수 시간씩 헤쳐 가며 어렵사리 마을에 도착하자 그곳 주민들은 '귀한' 손님들이 오셨다며 반색을 했다.

그리고 우리 일행 중 대표 격인 몇 사람들이 잘 수 있도록 자기들 집의 공간을 내줬다. (나머지 일행은 창고 같은 숙소에서 바닥에 침낭을 펼쳐놓고 생활했다.)

나는 일행 가운데 꼴에 유일한 목사라는 이유로 함께 간 교인들의 배려를 받아, 덕분에 창고가 아닌 주민 숙소에서 잠을 잘 수 있었다.

나는 겉으로는 미안한척 했지만 속으로는 쾌재를 불렀다.

야호! 땅바닥이 아닌 집에서 잠을 잘 수 있다니.

설레는 마음으로 주민 한 사람의 뒤를 따라 그의 집에 들어선 나는 아연실색했다.

그가 나를 위해 준비한 방은 다름 아닌 '베란다'였다.

쉽게 말해 베란다에 침낭을 깔고 거기서 자라는 것이었다.

문제는 12월에, 히말라야 중턱에서, 유리창도 심지어 비닐 덮개도 없이 횅하니 뚫린 베란다였다.

아이고, 맙소사!

이놈의 동네는 무슨 손님 대접을 이따위로 하는가 싶었다.

그게 끝이 아니었다.

베란다 벽면에는 처음 보는 온갖 종류의 귀신들이 빽빽이 그려져 있었다.

다름 아닌 집주인이 섬기는 '신'들의 종류였다.

(그곳 사람들은 한 사람당 적게는 수천에서 많게는 1만 개 정도의 신을 섬긴다고 했다.)

고개를 옆으로 돌리면 벽에서는 엄청난 숫자의 잡신들이 실실 쪼개는 눈빛으로 나를 내려다 보고 있고, 앞으로 뻗으면 차디찬 바람이 휘몰아치는 뻥 뚫린 베란다 창틀이 코에 닿을 듯한 장소가 바로 내 잠자리였다.

그런데 놀랍게도 나는 그 마을에 머무는 나흘간 바로 그 베란다에서 내 인생을 통틀어 역대급 꿀잠을 잤다.

신기한 일이었다.

평소 불면증으로 고생하는 것은 물론이거니와 워낙 성격이 예민해서 잠자리가 조금만 바뀌어도 밤새 잠을 못 이루기 일쑤인 내가, 더욱이 시차 문제도 있는데 그렇게 깊은 잠을 자리라고는 상상도 못 했다.

최대 1만 개의 귀신들이 실실 쪼개거나 말거나, 나는 분명 우리 하나님의 가호 아래 "주께서 사랑하시는 백성에게 주시는 잠"을 마음껏 경험했던 것이다.

그리고 현대의학의 관점에서 봤을 때 도저히 치료가 불가능한 불치병 환자들이, 예수의 이름으로 손만 대면 그 자리에서 척척 낫는 놀라운 역사들이 태양이 하늘에 떠 있는 동안 반복해서 일어났다.

심지어 척추와 다리가 반쯤 꺾이거나 뒤틀린 사람들도 예수의 이름과 함께 손만 갖다 대면 그 자리에서 정상으로 벌떡벌떡 서는 일이 수십 차례에 걸쳐 일어났다.

참으로 놀라웠다.

나는 지금도 불면증으로 고생할 때면, 아주 가끔, 혹시 히말라야로 달려가야 하는 것이 아닌가 하는 상상을 하며 배시시 웃곤 한다.

목포 세발낙지 유감

목포 세발낙지는 미식가들이 굉장히 애정하는 음식 중 하나다.

맛은 일품이지만 그에 비례하여 가격이 만만치 않아 손쉽게 사 먹을 수 있는 음식은 아니다.

나는 상다리가 휘어질 정도로 진설된 목포 세발낙지를 앞에 두고도 목이 메어(?) 그중 겨우 한 마리밖에 먹지 못했던 적이 있다.

1994년, 목사 안수를 받고 얼마 되지 않아 총신신대원 동기 전도사님께 연락이 왔다.

말이 동기지 나이로 따지면 나보다 24세가량 연상인 분이셨다.

고려대학교에서 영문학 박사를 받고 대학 강단에서 가르치다가 뒤늦게 신대원에 입학한 케이스였다.

그분이 전화를 한 까닭은 '시댁 제사' 문제 때문이었다.

대가족의 맏며느리였던 그 전도사님은 평소 '제사' 문제 때문에 근심이 많았다.

신앙을 이유로 제사에 참여하지 않는 것을 시댁 식구들도 인정해 주는 상황이었지만, 그럼에도 늘 집안 제사 문제가 가슴에 응어리처럼 뭉쳐 있었다.

게다가 워낙 집안 규모가 크다 보니 일 년 내내 제사가 이어졌다.

그때마다 그녀는 바늘방석에 앉은 듯한 고통을 받고 있었다.

오랜 고민 끝에 전도사님은 어떡하든 집안의 제사를 '근절' 시켜야겠다는 굳센 각오를 했다.

그녀가 선택한 묘책은, 바로 아래 시동생 집에 있는 '신줏단지'를 자기 집으로 가져오는 것이었다.

더 구체적으로 말하자면, 그동안 일체 제사에 참여하지 않았던 자기네가 이제부터 집안 제사를 모실 테니 신줏단지를 달라고 해서 그것을 받고, 그렇게 시댁 식구들을 한데 모아놓은 자리에서 전격적으로 '추도 예배'를 드림으로써 제사를 폐지하겠다는 것이었다. (그때 내가 듣기로는 신줏단지를 가진 쪽에서 조상을 추모하는 방식을 주도적으로 결정할 수 있다고 했다.)

그리고 실제로 시댁 식구들에게 앞으로는 자기네 집에서 제사를 드리면 어떻겠냐고 제안을 하니, 그간 차마 큰형 부부라 대놓고 말을 못했을 뿐이지 제사 불참 문제로 엄청난 불만을 꾹꾹 누르고 있던 시동생들이 '이게 웬 떡'이냐 싶어 쌍수를 들고 대환영을 했다고 한다.

그렇게 해서 신줏단지가 마침내 전도사님 집으로 왔다.

그분은 그다음 순서로, 당연히 제사를 드리는 줄 알고 호남 지역에서 대거 서울로 상경한 시댁 식구들을 앞에 두고 '대담하게' 추도예배를 인도해줄 목사를 물색했다.

그리고 그 대상으로 나를 콕 찍었던 것이다.

동기 전도사님이 내게 전화를 해서 자초지종을 설명한 후에 이렇게 말했다.

"아무리 생각해봐도 내가 아는 사람 중에 그 상황에서 예배를 인도해줄 목사는 김 목사님밖에 없어요. 그러니 제발 나 좀 도와줘요."

나는 기분이 야릇했지만 이내 마음을 결정하고서 그러자고 했다.

약속한 날짜에 전도사님 집에 도착해보니 큰 주택 거실이 꽉 찰 정도로 많은 사람이 운집해 있었다.

그때까지만 해도 나와 그 전도사님네 직계 가족들만 빼놓고 모든 사람들이 당연히 제사를 드리는 줄 알고 있었다.

그런데 난데없이 그리고 뜬금없이 새파랗게 젊은 목사란 작자가 나타나서는 기독교식으로 '추도예배'를 드리겠다고 선언을 하자 사람들이 화들짝 놀라는 표정을 지었다.

사람들마다 얼굴에 당혹스러운 빛이 역력했다. 당연한 일이었다.

그러거나 말거나 나는 준비한 예배를 인도하기 시작했다.

추도예배를 위한 찬송가를 우렁차게 불렀고, 성경을 펼쳐놓고 차분하게 설교를 했으며, 마지막 축도까지 무리 없이 잘 마쳤다.

아니, 솔직히 말하자면 예배를 인도하는 내내 '죽을 맛'이었다.

약간 과장해서 말하자면, 현장 분위기는 일종의 '살기'가 느껴질 정도로 차갑고 무겁기만 했다.

전도사님네 시댁 식구들은 예배 시간 내내 핏기가 싹 가신 표정으로 일관했다.

입장을 바꿔놓고 생각해보면 다음과 같은 사건이 벌어진 셈이다.

일단의 기독교인들이 특별한 목적을 갖고 예배를 드릴 것이라고 생각해서 모였는데 정작 가보니 법회가 열렸다고 생각해보라. 그때 어떤 감정일런지.

여하튼 나는 마음 한편으로 '추도예배를 괜히 떠맡았나' 하는 후회를 하면서도, 기어코 마지막 순서까지 꿋꿋이 잘 마쳤다.

미션 완수!

그때 내 나이 고작 27세였다.

아직 솜털이 뽀송뽀송한 애송이 목사가 제사를 드리러 온 산전수전을 다 겪은 아저씨, 아주머니들 앞에서 겁도 없이 추도예배를 인도했던 것이다.

문제는 그다음 순서였다.

예배를 마친 다음 수십 명이 둘러앉아 식사를 하게 되었다.

사실대로 말하면 나는 식사고 나발이고 어서 빨리 불편하기 짝이 없는 그 자리를 벗어나 도망치고 싶은 마음뿐인데, 사람들이 그래도 식사는 하고 가야 한다며 단단히 붙잡는 것이었다.

하필 그날의 메인 요리가 목포 세발낙지였다.

그도 그럴 것이 그 전도사님네 시댁은 전남 목포가 뿌리였던 것이다.

목포 사람들이 모인 자리에서 세발낙지를 안 먹으면 말이 되겠는가.

상마다 한 아름씩 쌓여 있는 세발낙지들이 물컹물컹 꿈틀거렸다.

나는 그때까지 세발낙지를 한 번도 먹어본 적이 없었다.

옆에서 '목사님부터 한 젓갈 뜨라'고 해서 할 수 없이 세발낙지 한 마리를 집어 입에 가져다 넣긴 했는데, 글쎄 이놈의 낙지가 입천장에 쫘~악 달라붙어 도무지 식도로 넘어갈 생각을 안 하는 통에 등에서 식은땀이 줄줄 흘렀다.

나는 식사 시간 내내 '지금 이 사람들이 내가 얼마나 얄밉겠는가!' 하는 생각뿐이었다.

미역국에 밥을 말아서 단번에 후루룩 삼키고 도망쳐도 시원찮을 판에 세발낙지가 입 안에 쫙 달라붙어 있는 상황이라니.

오 신이시여, 어찌하여 마지막에 제게 이런 시련을 내리시나이까!

결국 나는 밥을 딱 한 숟가락만 뜨고서 정중히 양해를 구하고는 자리를 떴다.

대문을 열고 나오는데 나도 모르게 '휴우~~' 하는 한숨이 나왔다.

(그다음 날 전도사님께 전화가 왔는데 정말 놀라운 소식을 들었

다. 내가 떠나고 나서 집안 식구들끼리 회의를 했는데 전혀 예상치 못했던 사건이 벌어졌다고 한다. 전도사님 역시 상당한 후폭풍을 각오하고 있었는데 오히려 시동생들이 앞장서서 "오늘 기독교식으로 추도예배를 드려보니 이것도 참 좋은 거 같더라"며 다음부터 아예 제사를 중단하고 큰형님네서 추도예배를 드리기로 합의를 봤다는 것이었다. 그 이야기를 들으면서 나는 다시 한번 '휴우!' 하고 안도의 한숨을 내쉬었다.)

후~ 하고 부시죠

2020년에 출간한 『내 인생의 36.5도』에서 간단히 밝혔듯이 나는 애초에 목사가 될 마음이 없었다.

그러다가 대학생 시절 하나님의 묘책에 걸려 결국 할 수 없이 목사가 되기로 결단을 내렸으며, 신학대학원을 졸업하고 목사 안수를 받은 이후에는 목사로서의 내 '소명과 사명'에 대한 큰 긍지를 갖고 살았다.

내가 목사라는 사실에 대해 얼마나 큰 내적 자부심과 책임감을 갖고 살았는지를 얘기하다 보면 초년 시절 음주운전 단속 현장에서 내가 어떻게 반응했는지를 언급하게 된다.

이미 여러 차례 밝혔듯이 나는 27세라는 약관의 나이에 목사 안수를 받았다.

그때부터 차를 운전하다가 음주 단속을 하는 경찰을 만나면 나는 단 한 번도 바로 음주 측정기에 '후'하고 분 적이 없었다.

오히려 매번 나는 운전석 창문을 내리고서 경찰에게 정중한 목소리로 "저는 목사입니다. (따라서) 저는 아예 술을 안 먹습니다"라고 말하곤 했다.

바꿔 말하면 나는 목사이기 때문에 음주 측정을 당하는 것 자체가 대단히 불명예스러우므로 결코 그 요구에 응할 수 없다는 뜻이었다.

내가 워낙 진지하고 정중하게 그리고 단호하게 의사 표시를 했기 때문인지 단속 경찰도 나를 힐끗 한 번 쳐다보고는 그냥 보내주곤 했다.

아마도 단속 현장에서 (측정을 위해) 길게 꼬리를 문 차량 행렬 중에 '후' 하는 동작 없이 그냥 통과한 사람은 일반 시민 중 나 밖에 없지 않을까 싶다.

그 정도로 나는 내가 목사라는 사실에 대한 긍지가 컸다.

그런데 30대 중반의 어느 날 목사로서의 내 긍지가 한순간에 와르르 무너지는 사건이 일어났다.

밤에 차를 몰고 어딘가를 다녀오는데 저만치서 경찰들이 대대적으로 음주 단속을 하는 모습이 보였다.

내 차례가 되자 (직업 경찰도 아니고) 앳된 의경이 다가와서 음주 측정을 요구했다.

나는 별 고민 없이 여느 때처럼 "저는 목사입니다"라고 답했다.

그러자 그 의경이 빈정대는 듯한 목소리로 "요즘은 목사들도 술을 잘 먹던데요"라고 받아쳤다.

만만한 친구가 아니었다.

하지만 그 말에 내 머리 뚜껑이 확 열렸다.

나는 그 자리에 차를 세워놓고 쏜살같이 자동차 밖으로 나와서 '단속 책임자'를 불러오라고 호통을 쳤다.

내가 워낙 강경한 목소리로 고래고래 소리를 지르니까, 경찰들이 무슨 일인가 싶어 내 주위로 모여들었다.

나는 그중 계급이 가장 높은 경찰한테 상황을 설명하면서 '애들 교육 똑바로 시키라'고 일갈을 했다.

책임자인 듯한 경찰은 얼굴이 벌게져서 미안하다고 사과를 했고, 담당 의경에게도 나한테 사과하라고 명했다.

결국 나는 경찰들로부터 (억지춘향격으로) 사과를 받고, 음주 측정은 하지 않은 채, 현장을 떠났다.

내가 이긴 것이다.

하지만 진짜 내가 이긴 것일까?

진짜 목사가 경찰을 이긴 것일까?

다음날 하루 종일 나는 마음이 찜찜하고 불편했다.

전날밤의 사건 때문이었다.

나는 그깟 목사의 자존심과 긍지 따위가 뭐라고 젊은 의경의 마음에 상처를 줬단 말인가 싶어서 자책이 되었다.

혹시 그 청년이 나 때문에 교회와 목사의 이미지가 더 나빠져서 앞으로 영영 복음을 외면하면 어떡하지 싶은 마음에 괴로웠다.

정녕 어쩌면 좋단 말인가?

그다음부터 지금까지 나는 음주 단속을 하는 경찰을 만나면 공손하게 '후~' 하고 분다.

물론 내가 목사라는 사실을 애써 밝히지도 않는다.

그저 경찰이 '후~'하세요 하면, '네'하고 순한 양처럼 따른다.

숨을 '후'하고 내뱉은 다음에는 '수고하세요'라는 말을 남기고 조용히 자리를 뜬다.

굳이 경찰을 이기려 한다고 해서 목사의 긍지와 자존심이 더 향상되는 것이 아니라는 것을 진즉에 배웠기 때문이다.

chapter 4

잘 예비된 옷 한 벌

　내가 목사로서 맨 처음 집례한 장례예배는 외할머니의 입관예배
였다.

　내 나이 32세 때였다.

　내 부친도 목사셨기 때문에 당연히 사위 목사로서 집례를 할 수
있는데도, 아버지께서 일부러 내게 양보(?)하신 덕에 외할머니 입관
예배를 주관할 수 있었다.

　아무래도 직업이 목사이다 보니 자연스럽게 병원 중환자실을 방
문할 일이 많았다. 특히 군목으로 재직하면서 훈련 중 중상을 입어
수도통합병원 중환자실에 입원한 병사들을 찾아갈 때면 심적으로
참 힘들었다. 군대에서 다치는 경우에는 일반 사회에서 겪는 사고와
양상이 달라 치명적인 부상을 입게 되기 때문에, 중환자실에 누워
있는 병사들의 모습을 보는 것만으로도 심장이 내려앉곤 했다. 그런
일 외에도 교인들의 임종 장면을 몇 차례 지켜본 적이 있었지만, 사
망한 지 하루가 지난 시신을 코앞에서 직접 본 것은 태어나서 그때

가 처음이었다.

첫 경험은 항상 긴장된다.

더군다나 외할머니의 입관예배를 손주가 인도한다니, 그 또한 뜻
깊은 일이었다.

아버지께서 당신 장모의 입관예배를 아들에게 양보한 이유는, 평
소 외할머니께서 맏손주인 나를 끔찍이 사랑하셨기 때문이다.

어린 시절 부모님께서 충청도 당진에서 목회하실 당시에, 나는 '공
부는 서울에서 하는 것'이란 아버지의 지론에 따라 혼자 서울로 보
내져 외할머니 집에서 초등학교를 다녔다.

그때 쌓인 외할머니와의 돈독한 정분이 내게도 늘 특별했다.

우리 외할머니는 평생 모진 고생만 하다 천국에 가셨다.

그녀는 이것저것 '안 해본 일이 없을 정도로' 억척스럽게 사셨다.

내가 어린 시절 외할머니 집에 얹혀살 때는, 여자의 몸으로 리어카
를 끌고 뚝섬에 가서 생선을 떼어다가 왕십리 언덕배기까지 끌고 와
서 팔아가며 생계를 책임지셨다.

그렇지만 한 번도 힘들다는 내색을 안 하셨다.

오히려 늘 힘이 넘쳐나던 분이셨다.

왕십리를 떠나 일찍 상처한 막내 외삼촌네 살림을 챙겨주기 위해
경기도 성남으로 거처를 옮긴 후에도 쓰러지실 때까지 한 번도 손에

서 '궂은일'을 놓지 않으셨다.

외할머니는 87세에 뇌출혈로 집 앞에서 쓰러지신 후 몇 시간이 채 지나지 않아 돌아가셨다.

할머니가 눈을 감으신 후 급하게 유품을 정리하다 보니 아주 고급 진 '수의' 한 벌이 나왔다.

언젠가 당신이 죽으면 입혀달라며, 스스로 예비해놓으신 옷이었다.

평생을 가난과 벗 삼아 사신 분이 인생의 마지막에 당신이 꾸미고 갈 옷만은 좋은 것을 입고 싶으셨는지, 아주 비싼 수의였다.

좋은 수의를 장만하려고 아마도 혼자 몰래 꽤 오랫동안 용돈을 모으셨던 것 같았다.

그 수의를 보면서, 외할머니의 자식들은 평생을 지켜봤던 '엄마의 준비성'에 대해 다들 한마디씩 칭송을 했다.

그리고 나는 그 수의를 보면서 불현듯 입관예배 때 해야 할 '설교의 영감'을 얻었다.

입관예배를 인도하기 위해 입관실에 들어서자 외할머니가 침상에 반듯하게 누워 계셨다.

눈을 감고 있는 것 말고는, 그리고 얼굴이 창백한 것 말고는, 살아 계실 때의 모습 그대로였다.

우리 가족들과 함께 찬송을 부르고, 성경을 읽은 후, 준비한 설교 말씀을 나눴다.

그날 나는 '그리스도의 옷'에 대해 설교했다.

내 외할머니가 당신 자신의 죽음을 위해서 값비싼 옷을 예비했던 것처럼, 지금 이 순간 우리 주님 예수 그리스도께서 당신의 사랑하는 딸 김○○ 권사가 지상에서의 고단한 삶을 마무리하고 천국에 입성한 것을 기념하고 축하하기 위해 '영광의 옷'을 입혀주셨다고 증언했다.

그분이 우리 가족의 어머니 그리고 할머니에게 입혀주신 부활의 영광스러운 옷은 너무나 휘황찬란해서 영원히 썩지도 쇠하지도 않을 것이라고 말했다.

우리는 후손들에게 '믿음의 유산'을 남겨주신 어머니 그리고 할머니를 주신 것에 대해 감사 기도를 드린 후, 차례대로 한 명씩 '영원한 안식'에 들어가신 고(故) 김○○ 권사님의 손을 잡고 '사랑해요, 고마웠어요'라고 고백했다.

교회의 리듬

어느 날 한 젊은 목사님이 케냐AA 원두커피 한 봉지를 사 들고 회사를 찾아왔다.

자기 아이를 위해서 기도를 부탁하고자 함이었다.

그는 빈손으로 오기가 미안했던지 정성을 담아 원두커피를 구해 선물로 가져온 것이었다.

그 목사님 옆에는 천진난만한 얼굴을 한 여섯 살배기 아들이 있었다.

아이의 아빠는 서울 서남쪽 동네에서 보습 학원을 운영하는 아내를 대신해 평일에는 집안 살림을 도맡아 하고, 주말에는 가족들 중심으로 모여 예배를 드리고 있다고 했다.

그는 예전에는 기성 교회에서 부목사로 사역을 했으나 어느 순간부터 가족을 돌봐야 할 절실한 이유가 생겨 제도권 사역을 중단한 후 전업 주부(?)의 길에 들어섰다고 했다.

대체 그에게 무슨 사연이 있었던 것일까?

자기 이야기를 털어놓는 아빠를 뒤로하고 아이는 명랑한 표정으로 회사 카페 구석구석을 뛰어다녔다.

헌데 그런 아이의 모습을 바라보는 아빠의 눈길이 왠지 슬퍼보였다.

젊은 목사님은 자기 아들이 '자폐아'라고 했다.

아이가 태어나서 2-3년 지날 때까지는 잘 몰랐는데 어느 날부터 아이의 행동거지가 이상하다고 느껴 정밀검사를 받았다가 자폐 판정을 받았던 것이다.

부부는 생계유지를 위해서, 그리고 아이의 현재와 미래를 위해서, 많은 고민 끝에 섬기던 교회를 사임한 후 아내는 학원 운영을 시작했으며 남편은 집안 살림과 아이를 돌보는 일을 떠맡기로 했다.

자폐를 안고 있는 아이와 하루 종일 부대끼며 살아야 하는 아빠의 인생은 매순간 희망과 절망이 맞부딪히는 전쟁터와 같았다.

아이는 눈에 넣어도 안 아플 정도로 사랑스럽고 예쁘면서도, 동시에 아빠의 인내심을 바닥까지 시험하는 존재였다.

그렇게 수년을 보낸 어느 날, 젊은 목사는 혹시나 하는 마음에 김요한 목사가 자기 아들을 위해서 '안수기도'라도 해주면 좋겠다는 간절한 마음이 들어 나를 찾아왔다는 것이다.

나는 그 사정 이야기를 듣고 황급히 손사래를 쳤다.

"아이고. 목사님, 심정은 충분히 이해가 되지만 솔직히 자폐는 기도로 고칠 수 있는 병이 아니에요. 아니, 왜 이런 어려운 숙제를 나한테 짐 지우는 거예요."

그는 그저 자기 아이를 위해서 축복기도라도 해주면 그걸로 충분히 감사하다고 재차 사정을 했다.

나는 할 수 없이 그 아이의 손을 붙잡고 최선을 다해 축복기도를 해줬다.

(자폐아들이 통상 그렇듯이 아이는 기도하는 내내 용을 쓰면서 내게로부터 빠져나가려고 몸부림을 쳤다. 나도 결사적으로 아이의 손을 놓치지 않으려고 함께 힘을 써가며 간신히 기도를 마쳤다.)

기도를 마치니 아이 아빠의 눈에 물줄기가 그렁그렁했다.

그는 많은 위로를 받았다며 진심으로 고맙다고 했다.

나는 비록 아이가 좋아지지 않는다 해도 용기를 잃지 말라는, 아무런 영양가도 없는 그저 뻔하디뻔한 위로를 했다.

그리고 총총걸음으로 주차장까지 두 사람을 배웅했다.

솔직히 내게는 일말의 기대도 희망도 없었다.

자폐를 기도로 고쳤다는 이야기는 듣지도 보지도 못했기 때문이다.

그저 그 가족이 앞으로 겪을 수많은 어려움을, 숲이 무성한 정글을 헤쳐나가듯 길을 잃지 않고 한 발자국씩 내밀 수 있기를 바랄 뿐이었다.

(얼마 후 그 목사님이 회사로 연락을 줬는데 우리의 만남이 있었던 후로 아이의 상태가 많이 좋아졌다며 다시 한번 감사하다고 했다.)

내가 자폐에 대해 진지하게 관심을 갖게 된 계기는 이렇다.

2003년에 교회를 개척했을 당시 개척멤버 중에 23살 된 자폐 청년이 있었다.

그의 생물학적인 나이는 20대인 데 반해 정신 연령은 고작 3-4살에 불과했다.

그 청년의 부모는 명문대학을 나와 전문직종에 종사하고 있었고, 언니와 오빠는 모두 외국에서 유학중이었다.

그런데 태어난 셋째 딸이 자폐아였던 것이다

셋째가 태어난 이후 아이 엄마의 삶은 이전과 180도로 달라졌다.

언제 어디로 튈지 모르는, 그리고 누군가에게 어떤 심한 민폐를 끼칠지 모르는 아이를 감시하고 보호하기 위해 엄마는 아이 곁에서 수족처럼 때로는 일급 경호원처럼 딱 달라붙어 모든 것을 희생해야 했다.

아마도 그녀에게 신앙마저 없었다면 그 고통스러운 시간을 도저히 견디지 못했을 것이다.

그나마 신앙이 있었기 때문에 그녀는 무던히도 많은 밤을 하나님께 울부짖으며 견디고 또 견뎠다.

당시 우리 교회는 이제 막 첫걸음을 뗀 교회였기 때문에 교인 숫자라고 해봐야 40명이 채 안 되었다.

가족 같은 분위기에서, 여느 교회보다 훨씬 더 긴 시간 동안 예배를 드렸다.

그런데 이 자폐 청년 때문에 예배 도중 최소 2-3번은 모든 것을 멈춰야 했다.

그는 때론 예배 중간에 혼자 흥분해서 괴성을 지르기도 했고, 때론 큰 소리로 서럽게 울기도 했으며, 때론 예배당을 흡사 말처럼 뛰어다니기도 했다.

그때마다 우리는 예배를 중단하고 멍하니 그 장면을 응시해야 했다.

그가 워낙 과격하게 행동했기 때문에 달리 할 수 있는 일이 없었다.

솔직히 나는 처음에는 그 청년이 야속했다.

당시만 해도 내 마음 속에는 속물근성이 교묘히 똬리를 틀고 있었다.

어서 빨리 교회가 안정되고 예배에 은혜가 넘쳐서, 더 많은 사람들이 교회로 왔으면 하는 바람이 컸다.

그런데 자폐 청년 한 명 때문에 자칫하면 기존 멤버마저 이탈할 위험에 처했으니 어찌 속이 타들어가지 않겠는가.

하지만 그런 마음을 일체 내색하지 않았다.

그저 내 속사람의 어둡고 응큼한 그림자는 오직 하나님만이 아셨을 뿐이다.

물론 우리가 그 청년을 위해서 기도를 열심히 하지 않은 것은 아니다.

우리는 틈만 나면 그가 온전해(?)지기를 위해서 통성으로 뜨겁게 기도했다.

하지만 그런 일은 절대로 일어나지 않았다.

그는 이번 주에도, 다음 주에도, 그다음 주에도 여전히 계속해서 소리를 지르고, 뛰어다니며, 가끔은 네다섯 살짜리 동생들이 가진 과자를 뺏어 먹겠다고 어린 아이들을 때리고 울려가며, 기어코 예배를 중단시켰다.

놀랍게도 가시적인 기도 응답은 없었지만 그 대신 다른 변화가 일어났다.

계절이 바뀔 때마다 그 청년 대신에 우리 모두가 조금씩 변하기 시작했던 것이다.

개척 초기에는 예배가 멈출 때마다 당혹스러운 표정을 짓던 교인들이 어느 순간부터 그 청년이 소리를 지르거나 울음보를 터트릴 때마다 그와 함께 놀아주기 시작했다.

그를 안아주거나, 그의 손을 붙잡아주거나, 그가 진정될 때까지 환한 미소를 띤 얼굴로 너끈히 기다려주기 시작했다.

우리의 기도가, 그가 아닌 우리 자신을 변화시키기 시작한 것이었다.

나도 예외가 아니었다.

그 친구 때문에 설교가 몇 번씩 중단될 때도, 사랑을 담은 눈길로 그를 바라보며, 폭풍(?)이 지나가길 느긋이 기다릴 수 있게 되었다.

그것이 우리 공동체를 향한 하나님의 기도 응답이었다.

글쎄, 교회란 무엇인가?

교회란 무엇일까?

교회란 무엇이어야 하는가?

이 질문에 대해 우리는 무엇이라 답할 수 있는가?

그 자폐 청년과 함께했던 기억을 되살려보면, 교회란 가장 연약한 자의 '리듬'에 맞춰 숨을 쉬고, 말을 건네며, 춤을 추는 공동체여야 한다.

교회란 목사의 속도에, 장로와 권사의 욕망에, 힘 있고 돈 많은 사람의 에너지에 맞춰서 맥박이 뛰는 조직이 아니라 가장 슬프고, 아프며, 고통스런 사람들의 리듬에 맞춰 심장이 뛰고 피가 흐르는 공동체여야 한다.

그리고 그것이 바로 예수님의 리듬이기도 하다.

지난 수십 년간 수없이 많은 기적을 경험했지만 나는 여전히 기도로 자폐를 고칠 수 있다고 믿거나 생각하지 않는다.

비단 자폐뿐 아니라 이 세상에는 기도로 해결할 수 없는 난제들이 수두룩하다.

그 대신 기도는 우리 자신을 변화시킬 수 있다.

곧 우리의 리듬을 바꿀 수 있다.

그것이 내가 경험했던 기도 응답이었다.

간증이 칼이 될 때

2003년, 7년간의 군목생활을 마치고 전역하자마자 나는 개척교회를 시작했다.

당시 서울의 몇몇 교회로부터 좋은 조건으로 담임목사 청빙을 받은 데다가, 한편으로 아내가 미국 유학을 강력히 원하고 있었지만, 나는 일말의 망설임도 없이 개척 목회에 뛰어들었다.

솔직히 나는 자신이 있었다.

그냥 자신이 있는 정도가 아니라 자신감이 충만했다.

그때는 내 인생에서 성령의 역사가 가장 강력한 강도로 나타나던 시절이었기 때문에, 나는 개척을 시작하기만 하면 금세 소문이 나서 사방에서 구름처럼 신자들이 모여들 줄로 생각했다.

그 기세를 바탕으로 한국교회를 근본에서부터 뒤집어 개혁할 마음이었다.

하지만 심각한 오판이었다.

새 신자들이 오기는커녕 친분이 있던 사람들조차, 심지어 살면서 내게 큰 도움을 여러 번 받았던 사람들마저, 혹시 내가 자신들에게 개척 멤버가 되어달라고 부탁할까 봐 거리를 두는 게 확연히 느껴졌다.

내가 경험했던 개척교회 목사의 삶은, 이전의 승승장구(?)하던 시간들과는 달리, 외롭고 곤고한 생활의 연속이었다.

개척교회를 시작하면서 가장 불편했던 것은 크게 두 가지였다.

첫째는 전용 예배 공간이 없다 보니 주일마다 이곳저곳 옮겨 다니며 예배를 드리는 일이 힘들었다.

어느 때는 공공기관 식당을 빌려서, 어느 때는 가정에서, 어느 때는 (지인의 도움으로) 호텔 세미나실을 빌려서 예배를 드렸다.

당연히 안정감이 많이 떨어졌다.

둘째는 내가 기도에 집중할 수 있는 공간이 없다 보니 기도 생활에 제약이 많았다.

할 수 없이 매일 아침에 집을 나와 저녁에 귀가할 때까지 길을 걸으면서 기도를 했다.

대략 하루에 7-8시간씩 걷고 또 걸으며 기도를 드렸다.

걸으며 기도하고, 기도하며 걸었다.

비가 와도, 바람이 불어도, 햇볕이 내리쬐어도 아랑곳하지 않고 계속 걸으면서 기도를 했다.

내가 살던 도시 전체가 움직이는 기도원이었다.

아침에 나가 오후 늦게 집에 돌아오면 퉁퉁 부어오른 종아리를 풀어주는 게 하루의 주요한 일과였다.

그렇게 애처롭게 기도를 드리면 측은해서라도 응답을 해주실 법한데, 하나님으로부터는 별 소식이 없었다.

여전히 전용 예배 공간은 기약이 없었고, 교인 숫자는 제 자리를 맴돌았으며, 헌금 바구니는 썰렁했다.

그때 나는 처음으로 군 제대 직후 유학을 가자던 아내의 말을 거역(?)했던 것을 후회했다.

그래도 그 상황에서 내가 할 수 있는 게 기도밖에 없었기 때문에 밤낮으로 이를 악물고 기도했다.

내 인생에서 마음이 가장 힘들었던 시기였다.

비슷한 시기에, 신학교 동기 한 명이 같은 동네에서 교회를 개척했다.

그는 신학교 재학 시절부터 강남의 초대형 교회에서 부교역자 생활을 시작했었다.

그 교회는 한때 한국교회에 새로운 패러다임 열풍을 가져온, 아주 유명한 교회였다.

그 교회를 개척한 담임목사님이 조기 은퇴를 전격적으로 결정하고 난 후, 자신과 오랫동안 동역했던 부목사들을 선별해서 한 사람당 5억씩 지원을 해주며 서울 근교에 개척을 하도록 권했다.

아마도 함께 수고했던 후배들에 대한 배려인 동시에 후임목사를 위해서 일종의 교통정리를 하고자 함이었을 것이다.

5억씩 지원받기로 한 목사들은 서울 주변 사방에 경쟁적으로 교회를 개척했다.

하지만 내 동기 목사는 일언지하에 그 5억을 거절했다.

그는 대형교회의 도움이 아니라 하나님의 은혜로 교회를 세우고 싶다고 당당히 자기 뜻을 밝혔다.

그 말을 들은 담임목사님이 크게 감동하고 교인들도 감격했다고 한다.

요즘 세상에 이런 목사가 어디 있나 싶었던 것이다.

그다음 주일에 담임목사님이 장장 5부에 걸쳐 설교 시간마다 그 이야기를 하자 교인들이 적극적으로 지갑을 열어서 호응을 했고, 그 결과 교회에서 원래 지원해주기로 했던 액수보다 두 배 이상 많은 헌금이 모였다.

그는 그 지원을 바탕으로 수백 평의 건물을 임대해서 공들여 인테리어를 마무리하고 개척교회를 시작할 수 있었다.

동기 목사는 그 이야기를 평촌 범계역 앞의 어느 카페 의자에 앉아 내게 자세히 간증했다.

그리고 진지한 표정으로 이렇게 말했다.

"요한아, 너도 기도해봐. 기도하면 하나님이 다 들어주셔. 요즘 나는 정말이지 어메이징한 삶을 살고 있어."

그러나 그의 어메이징한 간증은 내게 비수처럼 꽂혔다.

그것은 은혜로운 고백이 아니라 흡사 서슬 퍼런 칼날 같았다.

기도하라고? 네가 강남의 대형교회에서 시원한 에어컨 바람을 쐬어가며 기도하는 시간에 나는 이글거리는 도로 위를 끝없이 걸으면서 기도하고 또 기도해도 아무 응답이 없던데…. 뭐 기도하라고?

거친 반감이 창자에서부터 치밀어 올랐지만, 친한 동기 사이에 그런 감정을 차마 내색할 수는 없어 그냥 말없이 웃기만 했다.

지금의 나를 돌아본다.

어쩌다 보니 나도 간증을 많이 하게 된다.

혹시 나의 간증도 누군가에게는 칼이 되고 있지는 않은지, 심히 두렵다.

혹 그런 분이 계신다면 이 못난 죄인을 너그러이 용서해주시길 간곡히 부탁드린다.

이 책에도 간증 이야기들이 군데군데 나올 텐데 부디 노여워하지마시고 끝까지 읽어주시길 앙망한다.

월요일에 만난 은혜

　지금 한국교회가 직면한 최대 위기 중 하나는 교회 안에 소위 '차세대'가 고갈되었다는 것이다.

　수많은 젊은이들과 아이들이 교회를 등지고, 교회를 조롱하며, 교회를 거들떠보지도 않는 시대가 도래했다.

　교회 기득권 세력의 부패와 타락, 기성 그리스도인들의 위선과 이기심, 맹목적 신앙, 극우적 정치 성향 등이 맞물려 젊은 세대의 실망과 반감을 부추긴 결과다.

　여기에 한국 사회 전체가 몸살을 앓고 있는 저출산 문제도 교회의 미래를 심히 어둡게 만들고 있다.

　불과 한 세대 전만 해도 한국교회는 청년들의 기도 소리와, 청소년들의 찬양 소리와, 어린아이들의 웃음소리가 그칠 날이 없었다.

　교회는 다음 세대의 정원이자 놀이터였다.

　여름 성경학교 시즌이 돌아오면 각종 동물 인형의 탈을 뒤집어쓰고 북을 치면서 동네 한 바퀴만 돌아도 그 뒤로 수십 혹은 수백 명의 어린이들이 열을 지어 교회로 몰려오던 때가 있었다.

꿈만 같았던 시절이다.

그러나 지금은 교회가 빠른 속도로 양로원이 되어가고 있다.

그 누구도 이렇게 과격하리만큼 빨리 한국교회가 노령화될 것이라고는 예측하지 못했다.

과연 한국교회의 미래가 있기는 한 것인가?

나는 중학교 2학년 때부터 어린이 주일학교 교사 생활을 시작했다.

중학교 2학년 때부터 고등학교 2학년 때까지 만 4년간, 그리고 고등학교 3학년 때는 수험생이라고 배려를 받아 일 년을 잠시 건너뛴 다음, 다시 대학교 1학년 때부터 주일학교 교사 생활을 했다.

고작 열다섯의 어린 나이에 주일학교 교사가 된 까닭은 순전히 목사 아버지의 신념과 욕심 때문이었다.

아버지는 큰아들이 장차 훌륭한 목사가 되려면 일찍부터 성경을 가르치고 사람들의 영혼을 돌보는 법을 훈련받아야 한다고 강하게 말씀하셨다.

그러면서 당신은 중학교 1학년 때부터 주일학교 교사 생활을 시작했으니 나는 그보다 일 년 늦은 것이라고 했다.

나는 속으로 '아니, 일제강점기에 태어나 교회가 폐허가 된 한국전쟁 직후에 교회 안에 마땅한 인력이 부족해서 중학생이 주일학교 교사를 한 것과, 교회가 고도성장기에 접어든 1980년대에 중학생이 주일학교 교사를 하는 것이 어떻게 같을 수 있냐'고 툴툴거렸지만, 그렇다고 아버지의 명을 거역했다가는 집에서 쫓겨날까 봐 걱정이 되어 그냥 순종하기로 했다.

청소년기의 나에게 주일날은 마냥 정신없이 바쁜 날이었다.

하루가 어떻게 지나가는지도 모르게 후딱 흘러갔다.

오전 8시까지 교회에 가서 주일학교 교사 기도회에 참석한 후, 9시에 어린이 주일학교 예배를 드리고, 10시에 중고등부 예배에 참석했다가, 11시에는 어른 예배 성가대를 섰다. 점심을 먹고 나서는 오후 2시에 중고등부 오후 예배를 드리고, 오후 4시에 어린이 주일학교 예배에 참석했다가, 저녁 7시에 어른 예배에 참석한 다음 9시부터는 다음 주일을 위한 성가대 연습을 했다

그렇게 하루를 보내고 집에 돌아오면 밤 11시가 훌쩍 넘기 일쑤였다.

몸은 피곤에 절어 파김치처럼 늘어졌다.

그렇지만 이상하리만큼 마음에는 잔잔한 기쁨이 흘렀다.

중고등학생 시절 어린이 주일학교 교사로 봉사하면서 가장 힘들었던 때는 바로 시험 기간이었다. 일요일에 개인 시간을 낼 수 없다 보니 중간고사나 기말고사 기간 중 월요일에 시험을 봐야 하는 과목

에 늘 부담감을 가질 수밖에 없었던 것이다.

아주 보수적인 장로교단의 목사 아들로 태어난 까닭에 나는 강고하고 엄격한 '주일성수' 개념을 배우며 컸다.

어린 시절만 해도 주일에는 절대 공부를 해서는 안 되고, 시장(마켓)을 봐서도 안 되며, 일체의 오락행위를 해서도 안 된다고 배웠다.

주일에는 하루 종일 교회에서 살아야만 하는 줄 알았다.

중학교까지만 해도 그럭저럭 괜찮았는데 고등학교에 진학하니 공부할 양이 늘고 내용도 어려워졌다.

이런 상황에서 주일성수 개념 때문에 일요일에 책을 한 페이지도 못보고 월요일에 시험장에 들어가려니 상당히 부담스러웠다.

아무리 토요일에 최대한 많이 시험 공부를 해놓는다고 해도 분명 한계가 있었다.

미진한 공부 때문에 주일에 예배를 드리면서도 마음 한구석이 불안했다.

간신히 주일 봉사를 마친 후 파김치처럼 축 처진 몸을 이끌고 집에 돌아와 자정이 되기만을 기다렸다가 월요일 시험 과목을 몇 장 뒤적거리는 도중에 스르륵 잠들기 일쑤였다.

다시 새벽에 후다닥 일어나 번갯불에 콩 구워먹듯이 쓰윽 한번 훑어보고 그걸로 월요일 시험 준비를 끝내야 했다.

누가 봐도 부실하기 짝이 없는 시험 공부였다.

그런데 참 희한한 것은 매번 월요일에 치르는 시험 과목의 성적이 제일 잘 나왔다.

공부할 시간이 부족해서 그냥 곁눈질로 스치고 지나간 대목도 문제를 마주하는 순간 또렷이 기억이 났다.

심지어 월요일에 치른 과목은 '찍어도 잘 맞았다.'

매번 그랬다.

신기한 일이었다.

그렇다.

하나님의 사전에는 '공짜'란 없다.

따라서 기왕지사 하나님께 시간과 물질과 건강을 바치기로 작정했다면 최선을 다할 일이다.

필경 그분이 가장 좋은 것으로 반드시 되갚아주시리라.

평생 못 잊을 은혜

2018년 어느 날이었다.

대구에 거주하는 한 청년이 서울 당산동에 자리한 우리 회사를 찾아왔다.

하루에도 수많은 사람들이 나를 만나거나 회사 구경을 하기 위해 전국에서 오기 때문에 거기에 새로운 방문객 한 명을 추가한들 각별한 일은 아니다.

그렇지만 나는 그날 나를 만나기 위해 대구에서부터 일부러 올라온 청년을 아마도 죽을 때까지 절대로 잊지 못할 것이다.

그는 시각장애 1급 장애인이었다.

쉽게 말해 앞을 전혀 볼 수 없는 사람이었다.

그런 그가 자기 집을 나와 버스를 탄 다음 대구 고속버스터미널에서 내려 서울행 고속버스로 갈아타고 3시간 30분을 달려 서울 반포에 도착해서 지하철을 이용해 나를 찾아온 것이었다.

시력이 멀쩡한 사람도 대중교통을 몇 번씩 갈아타면서 서울과 대구를 오가는 게 쉽지 않은데, 앞을 전혀 못 보는 청년이 그런 수고를 감행한 까닭이 무엇이었을까?

이 청년의 이름은 김수완이었다.

그는 나와 페이스북 친구 사이였다.

나는 그 청년이 올리는 글을 통해서 그가 시각장애인이며 안마 자격증을 갖고 있고 독학한 침술로 주변 사람들에게 종종 침을 놓아준다는 것 외에도 기타 연주를 좋아하고 교회에서 찬양단원으로 봉사하고 있다는 사실 등을 알고 있었다.

사실 그는 이미 2015년에 내게 메시지를 보내서 나를 한번 만나고 싶다는 의사를 전해온 적이 있었다.

그는 내가 고질적인 불면증으로 어려움을 겪고 있으며 온종일 책상에 앉아 교정을 보다 보니 어깨와 목이 많이 뭉쳐 있다는 글을 올린 것을 보고, 자신이 가진 모든 역량을 동원하여 안마를 해주고 싶다고 이야기했었다.

하지만 나는 그의 제안에 일체 대답을 하지 않았다.

내 경우에 침묵은 완곡한 거절의 표현이다.

게다가 나는 대구가 본거지인 시각장애인을 서울로 불러들여 공짜로 안마를 받을 만큼 철면피도 아니고 양심에 털이 나지도 않았다.

그래서 아무런 대답도 하지 않고 그냥 입을 꾹 다물었다.

그런데 3년 후 그 청년이 아무런 예고도 없이 불쑥 찾아온 것이었다.

당시 나는 불면증으로 인해 엄청난 고통을 겪고 있었다.

출판사와 아카데미를 운영하기 위해 임대한 300평이나 되는 공간에서 30명에 육박하는 직원들과 일을 하고 있던 시기였는데, 그 모든 비용을 오로지 신학책을 팔아서 조달하고 충당해야 하는 상황이다 보니 주말이나 공휴일도 없이 하루 16시간 이상 밤낮으로 일을 할 수밖에 없었다.

그 스트레스와 긴장이 고스란히 몸에 누적된 결과 어깨와 등을 비롯한 내 몸은 늘 아스팔트처럼 딱딱하게 굳어 있었다.

그런 사정을 전해 듣고 긍휼한 마음이 잔뜩 발동한 이 청년이 대중교통을 몇 번씩 갈아타며 대구에서 서울까지 온 것이었다.

나를 만나서 간단히 자기소개를 마친 그는 자신이 정식으로 학교에서 배운 건 아니지만 오랜 세월에 걸쳐 재야의 침술 고수들을 직접 찾아다니며 수련을 쌓았다며, 내게 꼭 침을 놔주고 싶다고 강권을 했다.

나는 괜찮다며 손사래를 쳤다.

일단 그가 비공식 루트로 침술을 배웠다는 점도 그렇고, 무엇보다 앞을 전혀 못 보는 젊은이에게 공짜로 신세를 지기가 너무 미안했다.

그렇게 한동안 우리는 침을 놓느냐 마느냐, 침을 맞느냐 아니냐를 놓고 가벼운 실랑이를 주고 받았다.

그러다가 마침내 내가 고집을 접었다.

나 때문에, 나를 위해서, 저 멀리 대구에서 홀로 서울까지 어려운 발걸음을 한 청년의 선한 마음을 냉혹하게 뿌리친다면 그에게 큰 상처가 될 것 같아서였다.

나는 할 수 없이 내 주장과 고집을 내려놓고 그에게 몸을 맡기면서도 마음속으로는 '침을 좀 맞는다고 해서 내 고질적인 병이 해결되겠나?' 싶은 의구심이 강하게 똬리를 틀고 있었다.

그도 그럴 것이 내 딴에는 지금까지 소문난 명의(?)들을 여럿 찾아다니면서 별의별 침도 맞고 안마도 받아봤지만 불면증뿐 아니라 철판처럼 딱딱해진 목과 어깨가 풀릴 기미가 전혀 안 보이지 않았던 까닭이다.

그런 내 진짜 속마음을 아는지 모르는지, 그는 정성스럽게 진맥을 하더니 곧바로 내 왼손에 고작 몇 개의 침을 꽂았다.

그게 전부였다. 싱겁기도 해라.

그런데 1-2분쯤 지나자 거짓말처럼 목과 어깨가 부드러워지기 시작했다.

그간 용하다고 소문난 한의원을 여기저기 찾아다니며 온몸에 수십 개의 바늘을 꽂아도 미동도 안 하던 바로 그 목과 어깨가 부드러워지기 시작한 것이다.

그의 내공이 장난이 아니었다.

나는 진심으로 고마웠다.

앞을 전혀 못 보는 그가 나를 위해 멀리서 찾아와 준 것도 그렇고, 그가 (잠깐이지만) 내 경직된 몸을 부드럽게 만들어준 것도 고마웠다.

그래서 어떻게 은혜를 갚으면 되겠냐고 물었더니, 그는 자신을 위해서 '기도'를 해달라고 했다.

그렇게 해서 우리는 침과 기도를 맞교환했다.

종교개혁가 마르틴 루터가 이야기했던 것처럼, 가히 '위대한 교환'이었다.

그것은 우리 두 사람만이 알 수 있는 긍휼과 우정의 교환이었다.

지금까지 정말 많은 분들로부터 크고 작은 도움을 받으며 살고 있는 나로서는 그동안 받은 은혜가 모두 귀하고 고맙지만, 4년 전 대구에서 온 이 형제에게 받은 사랑은 더욱 특별하다.

입장을 바꿔놓고 생각해본다면, 나라면 도저히 그 형제처럼 누군가를 섬기지 못할 것이다.

내 알량한 깜냥과 심장 크기로는 도저히 불가능한 일이다.

그에게서 받은 그 찐한 사랑을 나는 죽을 때까지 내 심장에 새겨놓고 살 것이다.

특별한 인연이 된 자기소개서 한 장

회사를 운영하다 보면 참으로 다양한 사람들을 만나는 경험을 하게 된다.

15년간 회사를 경영하면서 만난 직원들을 거칠게 분류하면 크게 세 가지로 나눌 수 있을 것 같다.

첫째, 회사를 퇴사한 후에 조용히 인연을 끊는 사람.

둘째, 회사를 퇴사한 다음 이전의 직장과 동료들을 비방하는 사람.

셋째, 퇴사 이후에도 꾸준히 좋은 관계를 이어가는 사람.

다행히 지금까지 첫째와 둘째 부류의 사람들은 많이 만나지 않은 것 같다.

대부분의 회사 동료들이 오랜 시간 동안 이직하지 않고 한 자리에서 성실하게 일을 하고 있을뿐더러 퇴사 이후에도 기회가 닿을 때마다 안부를 전해주니 고맙기 그지없다.

우리 회사에서 근무하다가 다른 직장으로 옮긴 이후에도 제일 자주 인사를 오는 사람을 꼽으라면 단연코 이○○ 형제를 들 수 있겠다.

이○○ 형제는 2017년 초에 새물결아카데미 간사로 입사해서 이듬해 새물결플러스 영업부로 자리를 옮겼다가 2019년 중반에 퇴사를 한 다음 1년간 엄청난 집중력을 발휘해서 공부에 매진한 덕에 노무사 자격을 취득하고 지금은 한 노무법인에서 일하고 있다.

그는 노무사로서 제2의 인생을 시작한 후에도 틈만 나면 우리 회사를 방문해서 개인적 인연을 이어가고 있다.

그가 2017년에 새물결아카데미에 입사하게 된 동기는 한 장의 자기소개서가 빚어낸 인연 때문이었다.

사실 이○○ 형제를 (서류상으로나마) 처음 알게 된 것은 2016년 초였다.

당시 새물결플러스에서 편집자를 충원할 계획으로 채용 공고를 냈는데 그때 이 형제도 지원서를 제출했다.

그는 국내 대학원에서 신학석사를 취득한 상태였다.

하지만 우리 회사는 주로 해외 유명 신학교에서 박사학위를 받은 다음 관련 분야에서 경험을 쌓은 사람들 위주로 채용을 진행해오고 있었기 때문에 아쉽지만 그에게 기회가 돌아가지 못했다.

그럼에도 내가 그의 이름 석 자를 잊지 못했던 것은 편집자 채용 당시 그가 제출한 자기소개서의 문장 하나 때문이었다.

그는 편집자를 지망하는 자기소개서에 자신의 성장 배경과 가정 형편을 간단히 기술하면서, 어린 시절 아버지를 일찍 여의고, 호텔에서 청소 일을 하시는 어머니가 어렵사리 뒷바라지를 해가며 공부를 시켜주신 내력을 적었다.

그러면서 하루빨리 직장을 구해 어머니의 은혜에 보답하고 싶다는 희망과 각오를 피력했다.

나는 이미 마음속에 찜해둔 다른 편집자 후보들이 있었기 때문에 그를 편집자로 뽑지는 못했지만, 그러나 그가 털어놓은 사연을 가슴 깊이 간직했다.

언젠가 서로 인연이 되면 함께 일할 수 있을 것이라 믿으며.

그리고 1년 후 새물결아카데미에서 간사를 충원할 일이 생기자 공개적인 채용 모집 광고를 내는 대신에 그에게 따로 연락을 했다.

나는 이○○ 형제에게 "혹시 아직도 직장을 구하지 못했으면 우리 회사에서 같이 일을 해보면 어떻겠냐?"고 제안을 했고 그는 조금의 망설임도 없이 오케이를 했다.

그가 첫 출근을 한 날 나는 장난기 어린 표정으로 이렇게 말했다.

"자네는 앞으로 어머님께 정말 잘해야 하네. 자네가 우리 회사에 입사하게 된 것은 순전히 어머님 덕분이라네."

그는 무슨 말인지 얼른 알아차리지 못해 눈을 끔뻑거리며 의아한 표정을 지었다.

나는 일전에 그가 새물결플러스에 입사하기 위해 제출했었던 자기소개서의 내용을 상기시켜주면서, '홀어머니가 고생하면서 키워주신 은혜에 보답'하려는 아들의 결심이 내 마음을 움직였던 사연을 털어놓았다.

그는 상기된 표정으로 "아~하~, 그렇군요"라고 대답했다.

2년 반 동안 우리 회사에서 일을 하면서 그는 사랑하는 여성과 결혼을 했고, 퇴사한 후에는 더 좋은 직장에서 더 높은 목표를 세우고 그 꿈을 이루기 위해 최선을 다하고 있다.

일전에 그가 쉬는 날을 이용해서 우리 회사를 방문한 적이 있다.

함께 식사를 하는 자리에서 그는 내 귀에 대고 이런 말을 했다.

"대표님, 제게는 새물결플러스가 마치 모교회처럼 느껴집니다. 이곳에만 오면 마치 고향 교회에 온 것처럼 마음이 푸근해집니다. 정말 고맙습니다."

그가 그렇게 생각해주니 나도 너무 고마웠다.

모쪼록 자기소개서 한 장이 엮어준 귀중한 만남의 인연이 오래오래 이어지길 바랄뿐이다.

이번 달 월급을 반납하겠습니다

내가 18-9년간 목회를 하면서 제일 힘들었던 일은 '참는 것'이었다.

목회를 하다 보면 참아야 할 일이 수두룩하다.

아파도 참아야 하고, 화가 나도 참아야 하고, 억울해도 참아야 하고, 시험에 들어도 참아야 하고, 배신을 당해도 참아야 하고, 심지어 좋은 일이 있을 때도 어려움 중에 있는 교인들을 위해서 '절제'해야 한다.

늘 참아야 하기 때문에 속이 너덜너덜해질 때가 한두 번이 아니다.

그래서 나는 입버릇처럼 '(속이 문드러진) 목사 똥은 개도 안 먹을 것'이라며 자조 섞인 말을 하곤 했다.

그런데 사회에 나와 작은 규모의 사업을 해보니 또 다른 어려움과 고통이 즐비하다.

무엇보다 제때 직원들 월급을 주는 일이 만만치 않다.

지난 5년간은 직원들 숫자가 항상 25-30명 사이를 왔다 갔다 했는데 월말이 돌아올 때마다 그야말로 가시방석에 앉은 느낌이다.

부가가치를 기대할 수도 없고 시장도 매우 좁은 신학 서적과 샌드위치를 팔아서 직원들 월급을 주고, 비싼 임대료를 내며, 각종 공과금과 세금을 납부하고, 상당한 액수의 거래처 대금을 지불해야 하니 한 달의 절반은 벌렁거리는 심장을 부여잡고 살게 된다.

그러다 보니 어느새 목사란 말 대신에 "(문드러진) 사장 똥은 개도 안 먹을 것"이라는 말이 입에 붙었다.

그만큼 돈을 벌기가 쉽지 않다는 뜻이다.

지난 2년간은 회사 사정이 더욱 빡빡하고 힘들었다.

우선 전 세계를 강타한 코로나19 팬데믹 사태로 인해 경제와 소비가 위축된 탓이 큰 데다가, 끝없이 추락하는 한국 개신교의 현실에서 교회 헌금이 대폭 줄고 신학교마저 미달 사태에 휩싸이다 보니 개신교 경제 생태계에 의존해 먹고 사는 모든 직종이 다 광야로 내몰렸다.

개신교 출판계도 예외는 아니다.

전언에 의하면, 경영 위기에 직면한 많은 출판사들이 고용을 줄이거나 회사 문을 닫는 일들이 적지 않다고 하는데, 나는 차마 그럴 수 있는 냉정한 용기가 없어서 어떡하든 우리 직원들의 고용을 유지하는 쪽으로 계속 노력하고 있는 중이다.

아무튼 수입은 계속 감소하고 있는 데 반해 지출은 여전하니 마음

고생이 심하다.

오직 주님만을 바라볼 수밖에.

내가 자정마다 일부러 회사에 다시 나와 저 위에 계신 분께 '불쌍히 여겨달라'고 부르짖는 까닭이다.

2020년 1월말이다.

그해의 첫 월급을 지불하고 난 다음 날 아침 출근을 해보니 내 방에 누군가 다녀간 흔적이 있었다.

내 방 입구 바닥에 편지 봉투 한 장이 가지런히 놓여 있었다.

봉투를 집어 들고서 열어 보니, 한 장의 편지가 있었다.

항상 제일 먼저 출근하는 편집자 한 명이 놓고 간 것이었다.

하얀 종이에는 다음과 같은 사연이 적혀 있었다.

"대표님, 회사를 위해 늘 애쓰시는 모습이 고맙고 안쓰럽습니다.…회사 사정이 어려운데 제가 무슨 역할을 해야 할지 고민하다가 아내와 의논을 해서 이번 달 월급은 회사에 도로 반납하기로 했습니다.…다른 사람한테는 말씀하지 말고 조용히 받아주시면 감사하겠습니다.…저도 회사를 위해서 늘 기도하며 최선을 다하겠습니다. 힘내십시오."

이게 무슨 상황인가 싶어 즉시 회사 총무에게 확인을 해보니, 그 직원이 이미 회사 통장으로 월급을 반납했다는 것이었다.

나는 조금도 지체하지 않고 총무에게 그 돈을 다시 해당 직원의 통장으로 쏘아주라고 지시했다.

속으로 너털웃음이 났다.

아니, 내가 돈이 없지 가오가 없나? 그래도 내가 명색이 사장인데 어떻게 직원한테 도로 월급을 받는단 말인가!

하지만 그 직원의 따뜻한 마음만은 결코 잊지 못할 것이다.

새물결플러스와 새물결아카데미가 하나님이 기뻐하시는 회사라고 믿는 까닭은, 우리가 신학 서적을 만들고 기독교적 강의를 세팅해서가 아니라, 이곳에서 함께 일하는 사람들의 성품이 좋은 까닭이리라.

이런 사람들과 함께 일한다는 것이 얼마나 큰 축복인가!

내 딸에게 잘해줘서 고맙구나

"전도사님은 쓸데없이 '오지랖이' 넓어 늘 사서 고생하는 스타일입니다."

내가 우리 회사 정기독자 담당인 이성순 간사님께 제일 많이 하는 핀잔이자 잔소리다.

본인이 할 일도 태산같이 많은 분이 주변의 힘들고 어려운 사람을 보면 그냥 못 지나치고 어떻게든 도와주려다가 과중한 일거리를 떠안는 것을 수없이 목도했기 때문이다.

이성순 간사님을 처음 알게 된 것은 2012년 무렵이었다.

내가 페이스북에 별생각 없이 쓴 글 하나가 인연이 되어 지금까지 긴밀한 관계가 이어지고 있다.

기억을 되살려보면, 나는 초등학교 4학년(11살 무렵)부터 어른들 기도회를 따라다녔다.

당시는 가령 교회에서 철야기도를 한다고 하면 요즘처럼 저녁에 잠깐 모여 기도회를 하고 헤어지는 게 아니라 정말 밤을 지새워 기도를 하고 새벽기도회까지 참석한 다음 집에 가던 시절이었다.

더불어 산 기도도 많이 다니던 시절이었다.

초등학생 신분으로 어른들을 따라 그런 기도회에 자주 참석하면서 자연스럽게 무릎을 꿇고 큰소리로 애절하게 기도하는 스타일이 내 몸에 배었다.

그런데 수십 년에 걸쳐 무릎을 꿇고 하루에도 몇 시간씩 기도하다 보니 40세가 넘어서는 무릎 관절에 이상이 오기 시작했다.

가령 등산을 가면 산을 오를 때는 괜찮은데 하산을 하면서 발걸음을 내디딜 때마다 심한 통증이 찾아왔다. 평지에서 조깅을 할 때도 마찬가지였다. 일정 구간을 넘어서면 무릎에 통증이 심해서 더 이상 달릴 수가 없었다.

그런 사정을 페이스북에 지나가는 말처럼 적었는데, 며칠 후 (생면부지의) 여성이 페이스북 글을 보고 '내가 김 목사님께 기도 의자를 하나 선물해야겠다'는 생각이 들어 구매했다면서 예수원에서 만든 기도 의자를 사 들고 교회로 찾아왔다.

그것이 이성순 간사님과의 첫 만남이었다.

이 얼마나 오지랖이 넓은 경우인가!

그 일이 인연이 되어 2018년부터 이성순 간사님이 우리 회사에서 함께 일을 하게 되었다.

지근거리에서 본 이 간사님은 단 두 마디로 표현할 수 있겠다.

하나는 정말 성실하며 책임감이 강하다는 것이고,

다른 하나는 역시 오지랖이 넓다는 것이다.

주변 사람들을 성심껏 챙기고 돌보다가 정작 자기 자신은 손해를 보는 일이 한두 번이 아니다.

그때마다 나는 핀잔 아닌 핀잔을 주곤 한다.

이 간사님이 우리 회사에서 맡은 업무는 정기독자님들을 섬기는 것이다.

이 간사님이 입사한 이래로 정기독자 숫자가 많이 늘었다.

워낙 꼼꼼하고 성실하게 일을 하는 데다, 이전에 큰 교회에서 오랫동안 심방 전도사로 사역했던 경험이 뒷받침되어 정기독자 한 분 한 분의 이름을 기억하고 응대하는 일을 능숙하게 감당하기 때문이다.

그녀가 늘 아침 일찍 출근해서 저녁까지 일에 파묻혀 있는 모습을 보노라면 미안함과 고마움이 교차한다.

특히 매월 마지막 날 정기독자들께 도서를 발송하는 날이 다가올수록 이 간사님의 업무량은 몇 배로 껑충 뛴다.

그리고 실제로 도서를 포장하고 발송하는 업무를 마치고 나면 얼굴에 핏기라고는 도무지 찾아볼 수 없을 만큼 심신의 에너지가 모두 고갈되는 모습을 어렵지 않게 볼 수 있다.

(66세의 나이에 그 고단한 일을 너끈히 감당하는 모습을 보며 그저 감탄할 뿐이다.)

그때마다 나는 일부러 이 간사님을 모시고 미리 생각해둔 식당에 가서 몸보신을 시켜드리곤 하는데, 한번은 서울 강서구에 있는 장어구이 전문점을 간 적이 있었다.

장어구이가 비싸다며 안 가겠다고 버티는 이 간사님을 억지로 끌고 저녁 식사를 대접한 후에 (간사님은 댁으로 보내고) 나 혼자 다시 회사로 돌아와서 출입문을 열고 들어오는데, 문득 귓전에서 이런 음성이 들리는 것 같았다.

"사랑하는 내 딸에게 잘해줘서 정말 고맙구나!"

눈물이 핑 돌았다.

주님이 다 보고 계시구나 싶었다.

그렇다면 저 위에 계신 분께서는, 이 간사님이 나와 우리 회사를 위해서, 그리고 한국교회와 새물결플러스의 정기독자님들을 위해서 얼마나 최선을 다 하고 있는지도 필경 다 보고 계시리라.

꿈은 이루어진다(?)

지금도 기억에 선하다.

정확히 2020년 11월 14일에 일어난 일이다.

2020년 10월과 11월 무렵, 나는 보유하고 있던 여러 개의 카메라를 하나씩 정리하기 시작했다.

여러 차례 밝혔듯이, 내가 1994년부터 카메라를 손에 쥐기 시작했으니 사진과 교감을 나눈 지 만 26년이 되는 해였다.

짧지 않은 세월 동안 적지 않은 돈을 들여 다양한 카메라를 구입했다.

소위 '지름신' 때문이었다.

사진을 더 잘 찍고 싶은 욕심 때문에, 혹시 새로 나온 카메라를 사면, 또는 더 값비싼 카메라를 사면 혹시라도 훨씬 근사한 사진을 얻을 수 있을까 싶은 마음이 앞서다 보니 결국 몇 년에 한 번씩 카메라를 바꾸게 되었다.

평소 덜 먹고 덜 써가며 어렵게 모은 돈으로 구입한 카메라는 그야말로 '보물'과 같았다.

사진을 안 찍어도, 진열장에 가지런히 놓인 카메라를 바라보는 것만으로도, 살짝 배가 불렀다.

그런데 무슨 바람이 불었던 것인지, 갖고 있던 카메라를 전부 정리하기 시작했다.

캐논에서 나온 최고급 카메라는 회사 영상팀의 곽 감독님께 선물했고, 동일 회사의 중급 사진기는 카페 매니저님께 선물했다. 물론 값비싼 렌즈를 포함해서 말이다.

(군에 간 아들에게는 나중에 제대하면 취미생활로 사용하라면서, 니콘에서 만든 최고급 카메라와 렌즈를 선물했다.)

의외로 마음이 담담했다.

처음에는 자식(?) 같은 카메라를 나눠주고 나면 마음이 헛할 것 같았는데 그런 증상은 일어나지 않았다.

다행이었다.

이제 일제 소니 카메라 한 대와 렌즈가 남았다.

역시 성능이 꽤 좋은 기기였다.

이건 그냥 갖고 있을까 아니면 누굴 줄까 한동안 계속 망설였다.

그렇게 일주일이 흘렀다.

문득 소니 카메라를 회사 편집장에게 선물해야겠다는 마음이 들었다.

딱히 별다른 취미생활도 없이 그저 일주일 내내 일만 하는 편집장이 딱해서였다.

우리 회사 편집장도 주말에 여행을 다니면서 가족사진도 찍어주고 하면, 삶의 질이 훨씬 더 윤택해질 텐데 하는 생각이 들어서였다.

그래서 편집장을 불러 소니 카메라와 렌즈를 건넸다.

새거나 진배없는 좋은 제품이었다.

평소 편집장의 행동거지로 봤을 때는 사양하거나 최소한 한 번쯤은 괜찮다며 뺄 줄로 알았는데, 전혀 그렇지 않았다.

카메라와 렌즈를 받아 든 편집장의 입꼬리가 반달 모양으로 쫘~악 갈라졌다.

좋아서 어쩔 줄 모른다.

그러더니 하는 말이 "사실 10년 전에 일부러 통장을 하나 개설하면서 그 통장 첫 면에 '이 돈을 모아 기필코 소니 알파 카메라와 렌즈를 하나 사리라'라고 적어놓았는데 그동안 돈을 많이 못 모아서 그 꿈을 이루지 못했습니다. 그런데 오늘 갑자기 대표님께 소니 카메라를 선물 받고 나니 그 일이 생각나서 너무 행복합니다"라는 것이었다.

솔직히 나는 그 말을 도통 믿을 수 없었다.

그래서 편집장한테 농담조로 '뻥치지 말라'고 말했다.

카메라를 갖고 싶었으면 그냥 고맙게 받으면 되지 무슨 있지도 않은 10년 전 통장 이야기를 지어내기까지 하나 싶은 의심이 살짝 들었던 게 사실이다.

그랬더니 편집장이 곧바로 자기 방에서 통장 하나를 들고 와서는 문제의 통장 첫 면을 펼쳐 보이는데, 거기 정말 '이 돈을 모아 기필코 소니 카메라를 사리라'는 문장이 선명하게 적혀 있었다.

그 장면을 보고, 나를 비롯하여 함께 있던 직원 몇 사람이 화들짝 놀라서 이구동성으로 '와!' 하는 탄성을 내질렀다.

정말 신기했다.

어떻게 그런 식으로 10년 전 꿈이 이루어질 수 있단 말인가.

그저 당신의 백성을 오묘한 방식으로 위로하시는 하나님의 일하심이 놀라울 뿐이었다.

강아지 한 마리 사주시죠

2020년 여름이었다.

수도권 남부 지역에 사는 어느 정기독자께서 상담을 요청하셨다.

초등학교에 다니는 딸 문제로 긴히 의논을 하고 싶다는 것이었다.

더 구체적으로 말하자면, 이제 겨우 초등학교 5학년인 딸이 우울
증으로 인해 벌써 몇 차례 자해를 시도했다는 것이다.

그래서 깊이 걱정을 하던 차에 혹시 기도를 통해서 우울증을 고칠
수 있지 않을까 싶어 연락을 하신 것이었다.

부모의 절박한 마음이 십분 공감이 되었다.

돌아오는 주일날 회사에서 만나기로 약속을 잡은 다음, 나는 혼자
서 곰곰이 생각을 했다.

대체 사는 게 얼마나 힘들길래 고작 열두 살짜리 아이가 자기 몸
에 칼을 대는가 싶었다.

그리고 이 아이를 만나서 내가 뭘 도와줄 수 있을까 하는 생각에

마음이 무거워졌다.

그간 우울증 문제로 고통을 겪는 청년들이나 어른들을 대상으로 상담과 기도 사역을 한 경험은 많았으나, 초등학생을 상대로는 어떻게 접근해야 할지 감이 잘 안 왔기 때문이다.

한참 만에 내가 생각해낸 아이디어는 그냥 아이의 고민을 성심껏 들어주자는 것이었다.

내가 목사랍시고 잔소리에 가까운 말을 장황하게 늘어놓기보다는, 아이가 겪는 감정, 아이가 보는 세상 이야기를 친절하게 잘 들어주자고 결심했다.

내 알량한 판단으로는 그것만으로도 아이에게 힘이 되지 않을까 싶었다.

약속한 시간에 맞춰 부모와 아이가 함께 아현동으로 왔다.

그런데 차에서 내리는 아이의 표정만으로도 뭔가 분위기가 심상치 않다는 게 느껴졌다.

아이의 얼굴에는 '나 지금 엄청 화가 났거든!'이란 문구가 선명하게 적혀 있었다.

내가 먼저 반갑게 인사를 했으나 아이는 거들떠보지도 않았다.

오늘 최선을 다해 아이와 친해지고, 아이의 고민을 성심껏 들어줘야겠다는, 나의 계획은 처음부터 물거품이 되는 느낌이었다.

아이의 아빠에게 오면서 무슨 일이 있었냐고 물으니, 잔뜩 미안한 표정으로 아빠가 대답한다.

"실은 목사님, 아이한테 '오늘 네 문제로 어느 목사님께 기도 받으러 간다'고 미리 말을 안 해주고 그냥 데려왔다가 회사 근처에 다 와서 사실을 털어놓으니, 애가 '왜 자기 문제를 남한테 미주알고주알 공개하느냐'고 화가 잔뜩 나서 저러는 겁니다. 정말 죄송합니다."

나는 비로소 상황 파악이 되었다.

계획을 바꿔서 내가 말을 많이 건네야겠다고 생각했다.

아이한테, 넌 뭘 좋아하니, 공부는 할 만하니, 장래 희망이 뭐니, 동생들이랑은 사이가 좋니, 학교생활은 어떻니, 부모님께 할 말은 없니 등등 온갖 쓸데없는 것을 물어보았다.

아이는 고개를 푹 숙인 채 한마디도 하지 않았다.

그저 아직도 화가 잔뜩 나 있었다.

나는 작전(?)을 바꿔서 그동안 내가 만났던, 심한 우울증으로 고통을 겪다가 기도를 통해서 극적으로 치유된 사람들의 사례를 쭈~욱 열거했다.

네가 잘 몰라서 그렇지 지금 네 앞에 앉은 목사님이 이렇게나 영력이 신통방통한 사람이란다라는 메시지를 선포하는 일종의 무력시위였다.

아이는 아주 극적인 간증이 나올 때면 신기한 듯 살짝 고개를 들고 내 말에 귀를 기울였지만, 대체로는 계속해서 고개를 숙인 채 손가락을 꼼지락거리면서 '나는 지금 빨리 여기를 나가고 싶거든요'라는 무언의 메시지를 보냈다.

아이의 무력시위도 만만치 않았다.

그런 식으로 무려 두 시간이 속절없이 흘렀다.

마음의 빗장을 걸어 잠그고 꼼짝도 안 하는 아이 앞에서 절망감을 느낀 나는, 이제 대화는 그만하고 기도를 하자고 말했다.

바꿔 말하면, 이제 당신들 세 사람 그만 집으로 돌아가라는 뜻이었다.

기도를 시작하니, 여느 때와 마찬가지로 성령께서 세 사람의 삶과 마음을 깊이 그리고 부드럽게 만지시는 말씀이 줄줄 나온다.

기도를 하는 내내 아이의 부모는 연신 눈물을 훔친다.

그럼에도 아이는 끝까지 요지부동이다.

나는 속으로 '오늘 기도 사역은 완전히 텃군' 싶었다.

10여 분간에 걸친 기도를 마친 후 불현듯 내 머릿속에 스쳐 지나가는 생각이 있었다.

나는 아이에게 물었다.

"너 혹시 강아지 좋아하니?"

말이 끝나기 무섭게, 그날 처음으로 아이가 나를 똑바로 쳐다보면서 환하게 웃으며 고개를 힘껏 끄덕인다.

아이는 누가 물어보지도 않았는데 자청해서 '그동안 강아지를 키우고 싶어서 아무리 이야기를 해도 부모님이 허락해주지 않아 무산

되었다'고 고발(?)을 했다.

나는 아이의 부모님께 이렇게 권했다.

"집에 돌아가자마자 강아지 한 마리 사주시죠!"

아이 부모님이 고개를 끄덕였다.

옆에서 아이가 좋아서 어쩔 줄 몰라 한다.

'기회가 되면 다음에 또 만나자'며 배웅을 하는 나를 향해 아이는 연신 '고맙다'며 활짝 웃는 얼굴로 차에 올랐다.

처음 만날 때와는 판이하게 달라진 밝은 모습이었다.

따사로운 햇살이 우리 머리 위로 떨어지고 있었다.

길에서 만난 예수님(?)

2020년 11월 24일이었다.

늦가을의 쌀쌀한 기온이 거리를 휘감고 있던 날이었다.

나는 서울시청 쪽에 볼일이 있어 아현동을 출발해서 충정로를 거쳐 서소문 쪽으로 발걸음을 옮겼다.

평소에도 광화문이나 시청 혹은 명동 쪽에 볼일이 있으면 늘 걸어다니는 코스였다.

내가 워낙 걷는 것을 좋아하는 데다, 노오란 은행 나뭇잎이 찬바람 따라 춤을 추며 나뒹구는 서울 도심 거리의 늦가을 정취를 맛볼 겸, 천천히 걸었다.

충정로역을 지나서 100미터쯤 갔을 때 골목 안쪽에서 할머니 한 분이 급하게 뛰쳐나오며 "저기요" 하며 뒤에서 나를 세웠다.

폐지를 줍는 분이었다.

할머니는 추위를 견뎌보려고 낡고 헌 옷으로 몸을 겹겹이 치감고 있었다.

내가 무슨 일인가 싶어 멈춰서니, 할머니는 내 앞으로 다가와 풀벌레 소리만 한 작은 목소리로 이렇게 말했다.

"죄송한데 저, 천 원만 주시면 안 될까요?"

나는 하도 어이가 없어서 할머니의 얼굴을 물끄러미 쳐다봤다.

'대체 사람을 뭘로 보고?' 싶은 마음이 들었다.

분명 할머니가 내게 '만 원, 아니 오만 원만 도와주시면 안 될까요?'라고 했더라면 나는 흔쾌히 드렸을 것이다.

그런데 고작 천 원이라니, 내 인생에서 누군가 어려운 사람한테 겨우 천 원을 줘본 역사는 단 한 번도 없었다.

그래서 나는 한편으로 어이가 없었고, 한편으로 살짝 자존심이 상했다.

내가 황당한 표정으로 말없이 그냥 서 있자, 할머니는 다시 한번 부탁했다.

"어려우시면, 백 원만 주시면 안 될까요?"

아니, 천원도 아니고 이번에는 백원이라니.

정말이지 환장하겠네.

내가 아무 말도 안 하고 가만히 서 있자 할머니의 표정은 당장에라도 울음보가 터지기 직전이었다.

나는 홱~ 하고 돌아섰다.

그리고 잠바에서 지갑을 꺼내 안을 슬쩍 훔쳐봤다.

아주 큰 돈은 아니었지만 그래도 사업하면서 비상용으로 늘 갖고 다니는 일정한 액수가 있었다.

나는 신용카드를 제외한 모든 돈을 전부 꺼내서 웃음을 잔뜩 머금은 표정으로 할머니 손에 쥐어드렸다.

그리고 이렇게 말했다.

"할머니, 날이 추운데 절대로 밥 굶지 마세요. 부탁드려요. 식사는 꼭 챙겨 드셔야 해요."

느닷없이 한 뭉텅이의 돈을 받아 든 할머니는 너무 놀라서 입을 다물지 못했다.

내가 발걸음을 옮기자, 할머니는 내 등 뒤에 대고 연신 큰소리로 외쳤다.

"예수님께 복 받으실 거에요."

"제가 저녁에 교회 가서 선생님을 위해서 (축복) 기도할게요."

나는 가던 걸음을 멈추고 돌아서서 할머니를 향해 정중하게 90도로 감사 인사를 표했다.

그다음 날도, 그다음 다음 날도, 그다음 다음 다음 날도, 나의 뇌리에는 '예수님께 복 받으실 거에요'란 할머니의 외침이 선명하게 맴돌았다.

어쩌면 그 할머니는 남루한 옷을 입고 내 인생에 찾아오신 예수님의 또 다른 분신이었는지 모를 일이다.

바이블클래스를 통해 만난 복

 우리의 인생은 짧게 보면 수많은 '점'들이 마치 밤하늘의 은하수처럼 넓게 그리고 옅게 퍼져 있는 도화지와 같다.

 각각의 점이 찍힌 위치와 모양은 그 가치와 의미를 제대로 간파하기가 쉽지 않다.

 동시에 우리의 삶은 그 수많은 점들이 모여서 의미심장한 '선'을 이루고 있기도 하다.

 그래서 인생은 우연의 점들로 이루어진 필연의 선이라 할 수 있겠다.

 살면서 인생의 중요 국면에서 내렸던 어떤 결정이 훗날 예기치 못한 결과를 가져오는 것을 자주 경험한다.

 내 인생에서는 '바이블클래스'를 시작했던 것이 그중 하나라고 할 수 있다.

 2019년에 바이블클래스를 시작했던 목적과 이유는 단 한 가지였다.

한국교회 성도들에게 보다 양질의 성경공부 프로그램을 제공함으로써 신앙 성숙을 돕자는 것이다.

그 목적을 위해서 바이블클래스 영상을 유튜브 채널을 통해 무료로 제공하기로 전격 결정했다.

단 한 사람이라도 더 많이 성경의 세계를 맛보고 이를 통해 삶이 변화되는 체험을 하려면 아무런 부담 없이 바이블클래스에 접근할 수 있게끔 배려해야 한다는 생각에서다.

그러나 회사 내에서는 반대의 목소리가 만만치 않았다.

순전히 경제적인 이유에서였다.

바이블클래스를 제작하려면 인건비를 위시하여 매달 1천만 원 이상의 돈이 들어가는데, 그렇게 해서 만든 성경공부 프로그램을 공짜로 풀어버리면 그 손해분을 어떻게 메꾸려는 것이냐가 직원들의 이유 있는 항변이었다.

하지만 나는 '돈' 따위보다는 교회와 신자들의 '영적 성숙과 건강'이 훨씬 더 중요하다는 평생의 신념에 따라, 대표의 권한을 내세워 바이블클래스 영상을 공짜로 풀어버리기로 밀어붙였다.

그리고 그때 내린 결정 덕분에 지난 2년 5개월 동안 정말 엄청나게 많은 은혜로운 피드백을 전해 듣는 특권과 호사를 누리고 있다.

유튜브를 통해 바이블클래스 영상을 제공한 이래, 전 세계 곳곳에서 수많은 믿음의 형제자매들이 고마운 마음을 표하고 계시니, 어찌 감사하지 않겠는가.

단언컨대 그런 기쁨과 행복은 돈 따위와 바꿀 수 있는 게 아니다.

지면 관계상 이 책에서는 두 가지 사례만 간단하게 소개하고자 한다.

#1

한 번은 연세가 지긋한 장로님께서 회사로 연락을 주셔서 고마움을 표한 적이 있다.

그분의 사연이 기구(?)했다.

그는 평생 경찰공무원으로 근무하다가 정년퇴직한 분이셨다.

일찍부터 교회 봉사도 많이 하시는 등 열심히 신앙생활을 하신 분이었다.

그런데 예기치 못한 큰 사고가 일어났다.

건설 현장에서 일하던 두 아들이 사고를 당했는데, 큰 아들은 그 자리에서 즉사를 했고, 둘째 아들은 신경을 크게 다쳐 자리에 누워 꼼짝할 수 없는 상태가 되었다.

청천벽력 같은 사고였다.

그 일로 장로님은 신앙이 끝 모를 벼랑 아래로 곤두박질하는, 칠흑같이 어두운 인생의 밤을 겪어야만 했다.

그는 하나님을 원망하고 또 원망했다.

그의 입술에서 기도와 찬양이 실종되었고, 그의 마음에는 회한과 슬픔만이 소용돌이쳤다.

그렇게 적지 않은 시간을 하나님과 싸우며 몸부림을 쳤다.

그런데 우연한 기회에 바이블클래스를 접하게 되었고, 계속해서 성경 공부 영상을 시청하던 중에 어느 순간부터 기도와 찬양이 강력하게 회복되기 시작했다고 한다.

회사로 전화를 걸어 자신이 지나온 눈물 골짜기에 담긴 사연을 고백하면서, 그 장로님은 바이블클래스를 만나게 해줘서 정말 고맙다는 말씀을 하셨다.

그 사연을 전해 들으면서, 나는 2년 5개월 전 바이블클래스를 무료로 공개할 수 있도록 내 마음을 주관하신 성령님께 다시 한번 큰 감사를 드리지 않을 수 없었다.

(부디 우리의 선하신 하나님께서 그 장로님 가정에 큰 위로와 소망을 베푸시길 간절히 기도드립니다.)

#2

2021년 3월 23일이다.

회사 통장으로 누가 20만원을 보냈다.

송금자 이름이 '예수'였다.

예수님이 새물결플러스에 돈을 보내주신 것이다.

세상에 어찌 이런 일이!

알고 보니 진짜 예수님이 보내신 돈이 아니라 어느 독실한 불자께서 보내신 돈이었다.

사연인즉, 이분이 평소 성경에 관심이 많아 성경을 꾸준히 읽었는데 그때마다 구약성경의 에스겔서, 요엘서, 스가랴서 등이 너무 어려워서 몇 번씩 읽고 또 읽어도 도통 무슨 뜻인지 감이 안 잡혔다고 한다.

사정을 들어보니 충분히 그럴 만도 했다.

구약성경의 에스겔서, 요엘서, 스가랴서 등은 이른바 묵시문학이라고 해서 각종 환상, 상징, 비유, 은유적 표현과 같은 비의적(秘儀的) 양식들을 통해서 종말에 일어날 하나님의 구원 사건을 묘사하는 까닭에 심지어 목사들도 그 뜻을 오판하는 일이 흔하다.

그런 상황에서, 타종교인이 혼자 힘으로 묵시문학에 속한 성경의 의미를 탐구하려고 했으니 난해하다고 느끼게 된 것이 지극히 당연한 일이었다.

그런데 이분 역시 우연한 기회에 바이블클래스를 접하게 되었고, 자신이 평소 고개를 갸우뚱했던 문제들을 바이블클래스를 통해 속 시원하게 해소하게 되었다며, 이런 큰 은혜를 받고서도 사례를 하지 않으면 사람 된 도리가 아니라는 생각에 감사 헌금을 보냈다는 것이었다.

그 소식을 전해 들으면서 나와 우리 직원들 모두 잔잔한 감동을 받았다.

동시에 명색이 기독교 신자라고 하면서도 성경을 멀리하거나 성경에 대해 무지한 사람들이 결코 적지 않은 세태 속에서, 근사한 법명까지 소유한 불자께서 구도자의 마음으로 성경의 세계를 탐구하는 모습에 큰 자극과 도전을 받았다.

이 또한 바이블클래스를 무료로 공개한 덕분에 내가 누릴 수 있었던 은총이자 호사였다.

하나님의 음성을 듣는다는 것의 의미

2017년에 『지렁이의 기도』를 출판하고 나서 한바탕 소용돌이가 일었다.

한쪽에서는 환호했고, 한쪽에서는 분개했다.

은사중지론자들은 종교 재판관을 자청했고, 심지어 고신과 합동 교단의 일부 몰지각한 목사들은 나에게 이단 딱지까지 붙이려고 했다.

그들은 자기들 교단 안에서 벌어지는 반성경적이고 반기독교적인 온갖 추문과 작태에 대해서는 한마디 말도 못하면서, 또한 성령을 빙자해서 돈을 갈취하고 무속 신앙을 조장하는 것에 대해서는 철저히 눈을 감고 있으면서도, 고작 책 한 권에 지나칠 정도로 예민한 반응을 보였다.

그들이 『지렁이의 기도』에서 문제 삼은 것은 '하나님의 음성'을 듣는다는 표현에 집중되었다.

은사중지론을 표방하는 사람들에 따르면, 성경이 기록된 이후로 하나님은 오직 성경 말씀만을 통해서 이야기하시는데 어떻게 오늘날 하나님의 음성을 (직접) 듣는 일이 가능하냐는 것이다.

그래서 그들은 나 같은 은사지속론자들에게 '직통 계시자'라는 희한한 이름표를 붙이기까지 한다.

(하지만 하나님께서 오직 성경책만을 통해서 말씀하신다는 논리는, 마치 신이 지구를 창조한 후에는 자연법칙을 통해서만 세계와 인간사에 관여하신다는 '이신론자'들의 주장과 근본에서 다를 바가 없다. 그래서 어떤 신학자들은 은사중지론자들을 가리켜 '성경 이신론자'들이라고 부르기까지 한다. 이신론은 반기독교적인 매우 위험한 생각이다. 또한 은사중지론을 표방하는 목사들 중에도 많은 사람들이 자신의 설교가 하나님의 말씀을 대언하는 것이라고 믿는 경우가 흔한데, 그들의 논리대로 하면 어떻게 하나님께서 성경책이 아닌 인간의 음성을 통해서 대신 말씀하신다는 것인지 이해하기가 어렵다.)

은사지속론자들이 말하는 '하나님의 음성을 듣는 것'에는 복합적인 의미가 담겨 있다.

우선 하나님의 음성을 듣는다고 해서 그것이 꼭 어떤 '소리'를 듣는 것을 뜻하는 것이 아니라는 점을 이해해야 한다.

하나님께서 성령을 통해 당신의 백성에게 말을 건네실 때는 우리 인간이 서로 대화를 나눌 때처럼 '음성'을 통해서만 하시는 게 아니다. (물론 어떤 소리가 들릴 때도 있다.)

오히려 하나님의 음성은 다양한 '채널'과 '수단'을 통해 인간에게 전달된다.

예컨대 환상, 꿈, 경건한 심적 부담과 감동, 불현듯 떠오르는 선한 생각과 착상 등이 모두 포함된다.

나의 경우 기도할 때 종종 어떤 정보들이 마치 컴퓨터에 USB를 꽂아 정보를 다운로드하듯이 뇌리에 쏟아져 들어오는 방식으로 하나님의 음성을 들을 때도 많다.

내가 하나님의 음성을 들었다고 표현할 때는 이 모든 경우를 포함하는 것이다.

(사실 우리들도 서로 의사소통을 할 때 꼭 음성을 통해서만 하는 것은 아니지 않은가? 많은 경우 문자를 통해서, 이메일을 통해서, 이모티콘을 통해서, 수신호나 얼굴 표정을 통해서, 몸짓을 통해서 얼마든지 의사소통을 한다. 그리고 대개의 경우 이 모든 것을 통칭해서 우리가 서로 대화를 나눴다고 말하지 않는가!)

한편으로 내 경우에는 하나님께서 당신의 뜻을 보여주시는 의사소통의 수단으로써 환상을 자주 경험하곤 한다.

쉽게 말해 기도할 때면 어떤 장면이 그림이나 스틸 사진, 혹은 영상처럼 눈앞에서 펼쳐지는 것이다.

그리고 지금껏 수많은 경험과 데이터를 통해서 나는 기도 중에 보는 환상이 때로는 미래를 예언하는 기능을 하거나 함께 기도하는 사람 또는 그룹과의 인격적 접촉점을 만드는 역할을 한다는 것을 배웠다.

확실히 그것은 내가 지어내거나 창안하는 것이 아니라, 하나님께서 당신의 백성에게 말씀하시기 위해 적극적으로 사용하시는 주요한 채널 중 하나다.

여기서는 간단하게 몇 가지 사례를 소개하고자 한다.

#1

새물결플러스 정기독자 중에 분당에 소재한 네이버 본사에서 근무하는 IT 전문가 한 분이 계신다.

그분은 매월 말일 정기도서를 발송하는 날이면 바쁜 와중에도 일부러 월차를 내서 도서 포장하는 작업을 도와주시곤 했다.

나는 늘 그에게 작은 빚을 진 듯한 느낌이 있어 언제 한번 기회를 봐서 기도를 해드려야겠다는 마음을 갖고 있던 차에 어느 날 기회가 왔다.

그렇게 회사 카페에 마주 앉아 기도를 하게 되었다.

기도를 시작하자 성령께서 팔레스타인 땅에 비가 내리는 모습을 보여주시면서, 하나님이 지금까지 그의 삶에 (성경에 나오는 것처럼) 이른 비와 늦은 비 같은 은혜로 신실하게 역사하셨다는 말씀을 주셨다.

10여 분간의 기도가 끝난 후 그가 웃으면서 이렇게 말했다.

"사실 목사님, 저희 큰애 이름이 '이른 비'고 둘째 이름이 '늦은 비'입니다."

이처럼 하나님께서는 자기 백성과의 인격적 접촉점을 만들기 위해 환상과 음성을 사용하신다.

#2

한번은 경기도 광명에서 목회를 하는 친구 목사의 초청으로 그 교회를 방문해 주일 설교 봉사를 한 적이 있다.

그는 신학교 재학 중에 전도사 신분으로 광명에 교회를 개척한 다음, 지하 월세 공간에서부터 시작해서 20년 후 번듯한 예배당을 건축하기까지 오직 한 지역에서만 꿋꿋하게 사역을 한 친구였다.

당시 나는 북한 주민에게 따뜻한 겨울옷을 보낼 목적으로 매 주일 수도권 지역의 교회들을 방문하면서 설교 봉사를 하고 원하는 사람들을 상대로 기도 사역을 하던 차였다.

그렇게 해서 사례비로 받은 돈을 전부 모아 2천만 원이 조금 넘는 돈을 북한 주민을 위한 사역을 하는 단체를 통해 겨울옷과 양말을 사서 북한에 보냈다.

내 친구 목사는 그런 나를 위해서 일부러 설교 기회를 마련해준 것이었다.

예배를 마치고 담임목사 방에서 친구 부부와 함께 점심 식사를 하는데 친구 부인이 자기 부부를 위해서도 기도를 해달라고 웃으며 부탁을 했다.

세 사람이 고개를 숙이고 기도를 시작하자 성령께서 아주 부드럽고 따뜻한 이불을 펼쳐서 내 친구 목사 부부를 감싸주시는 장면과 함께 "그동안 수고가 많았으니 내가 너희에게 안식과 위로를 주리라"는 말씀을 주셨다.

꽤 긴 기도를 마치자마자 친구 부인이 활짝 웃으면서 다음과 같은 간증을 했다.

"실은 김 목사님, 지난주에 저희 남편이 결혼하고서 처음으로 '이불'을 사 왔답니다. 누가 시킨 것도 부탁한 것도 아닌데 무슨 바람이 불었는지 혼자 이불을 사서 제게 선물이라고 준 거예요. 그런데 기도 중에 이불 이야기가 나오니까 '아 정말 하나님께서 우리의 삶을 잘 아시는구나' 하고 실감이 나는 거예요."

광명에 교회를 개척하고서 25년 이상을 무던히도 애쓴 그 부부를 하나님께서 격려하시고 위로할 요량으로, 그들이 가장 납득하기 쉬운 방식으로 이불 '그림'을 사용하신 것이다.

#3

2018년 가을 어느 주일이었다.

내가 좋아하고 아끼는 전도사님이 담임하는 교회에서 초청을 해줘서 주일 설교 봉사를 한 적이 있다.

그 교회는 열다섯 명 정도의 성도들이 가족 같은 분위기에서 신앙

생활을 하는 교회였다.

설교를 마친 다음 전체 회중을 상대로 축복기도를 하는데 성령께서 다음과 같은 장면을 보여주셨다.

마당 한쪽에 장작이 쌓여 있고 그곳에 불을 지폈는데 그만 나무가 부족해서 불이 크게 타오르질 않았다.

그러면서 '이 교회가 함께 사역할 수 있는 일꾼이 더 많이 필요하니 좋은 동역자들을 보내주십시오'라는 감동을 주셔서 그대로 기도를 했다.

예배를 마친 후 담임 전도사님이 내 곁으로 와서 싱글벙글 웃으며 이렇게 말했다.

"목사님, 매번 느끼는 것이지만 참 신기해요. 사실 저 내일 목사안수를 받거든요. 그리고 아주 가까운 지인 몇 사람에게만 주려고 초청장을 만들고 아무한테도 이야기를 안 했거든요. 근데 이것 좀 보세요."

그가 내민 초청장 앞면에는 '장작'이 차곡차곡 가득 쌓여 있는 사진이 인쇄되어 있었다.

#4

2014년 여름이었다.

모 언론사의 기자 한 명이 목동에 위치한 새물결플러스 사무실을 방문했다.

우리 회사 직원들 모두에게 맛있는 점심 식사를 대접하겠다고 온 것이었다.

나는 그의 따뜻한 마음이 고마워서 식사를 하러 나가기 전에 그를 위해 축복기도를 해줬다.

기도 중에 성령께서 한 가지 환상을 보여주셨다.

넓은 사무실이 나타났다.

그 기자의 책상이 귀퉁이 쪽에 자리하고 있는데 갑자기 하나님께서 그의 책걸상을 번쩍 드시더니 정중앙으로 옮겨놓으시는 장면이었다.

나는 기도를 하면서 그에게 '승진'을 할 것이라고 예언했다.

그리고 얼마 후 그가 '노조위원장'이 되었다는 소식을 들었다.

나는 고개를 갸우뚱했다.

그 환상의 내용이 노조위원장과 관련이 있는 것 같지는 않았기 때문이다.

그 후로도 혹시 그때 내가 잘못 봤었나, 잘못 깨달은 것은 아니었었나 하는 불편한 마음이 늘 떠나질 않았다.

몇 년의 시간이 흘렀고 2019년이 되었다.

그가 그 언론사의 대표로 전격 발탁이 되었다는 뉴스를 들었다.

아마 본인도 너무 뜻밖의 사건이라 속으로 많이 놀랐던 것 같다.

취임 감사 인사를 하러 일부러 시간을 내서 방문을 해준 그에게 내가 2014년에 기도할 때 언급했던 '환상' 이야기를 혹시 기억하냐고 물으니, 그가 아주 선명하게 기억한다고 대답을 했다.

그는 요즘도 종종 회사 기자들과 세미나를 하면서 간식으로 먹을 샌드위치를 단체 주문해주곤 한다.

고맙기 그지없다.

#5

2020년 5월이었다.

분당에 소재한, 고신 교단 소속의 제법 큰 교회에서 수석 부목사로 사역하던 어느 목사님이 나를 찾아왔다.

그는 이제 나이가 꽉 차서 더 이상 부목사로 사역을 하는 것이 눈치가 많이 보이는데도 이상하리만큼 담임목사로 나갈 수 있는 길이 안 열리는 것에 대한 답답함이 생겨서 혹시 하나님의 뜻과 인도를 알 수 있을까 하는 마음에 찾아온 것이었다.

나는 그가 고신 교단 소속이라는 사실을 꼬집어서 "저는 고신 사람들한테는 기도를 안 해줍니다"라고 핀잔을 줬다.

그는 자기 잘못도 아니면서 "저희 교단이 목사님한테 몹쓸 짓을 해서 참으로 죄송합니다"라며 연신 고개를 조아렸다.

함께 기도를 하는 중에, 성령께서 한 가지 재미있는 환상을 보여주셨다.

가제트 만화에서나 볼 법한 커다란 팔이 나와서 그를 쓰~윽 낚아채더니 저 멀리 데려가는 것이었다.

나는 내가 본 영상을 그대로 전하면서, 전혀 예기치 못한 곳에서 길이 열릴 것 같다고 말했다.

그리고 몇 달 후 그 목사님이 경남 울산에 있는 어느 교회의 담임 목사로 청빙을 받았다는 소식을 들었다.

하나님께서 흡사 가제트의 팔처럼 긴 팔을 사용하셔서 그를 분당에서 울산으로 옮기신 것이었다.

이런 이야기를 계속하자면 아마 며칠 밤을 지새워도 시간이 모자랄 것이다.

지면 관계상 여기서 마치도록 하자.

하나님의 음성도 틀립니까?

2018년이었다.

어떤 이가 회사로 전화를 걸어서 "16년 전에 대표님께 진 빚을 갚아야 한다며" 계좌번호를 알려달라고 한 후 500만 원을 송금했다.

이성순 간사님께 전화를 건 사람의 이름을 들어보니 익숙한 이름이었다.

16년 전 그녀의 남편이 내게 돈을 빌려 간 일이 있었는데 이제야 (일부를) 갚은 것이었다.

그녀의 남편은 한때 함께 신앙생활을 했던 교인이었다.

그는 고위공직자 출신으로서 2000년대 초반 치러진 지방선거에 모 광역단체장 후보로 나섰다가 선거에서 패한 후 빚에 시달렸다.

오죽하면 목사인 내게까지 돈을 빌려달라고 했겠는가.

그는 늦어도 한 달 안에 꼭 갚겠다며 1차로 500만 원을, 2차로 다시 1천만 원을 빌려갔다.

1차 때는 부부가 함께 왔고, 2차 때는 부인 몰래 남편 혼자 와서 돈을 가져갔다.

나는 전혀 경제적인 여유가 없었음에도 불구하고 그가 하도 숨넘어가는 소리를 하는 통에 딱한 마음을 이기지 못하고 어렵게 돈을 융통해서 빌려줬다.

그 후 얼마 못 가 그 부부는 (한 푼도 갚지 않고) 용인 죽전에 있는 초대형교회로 교적을 옮기고는 그곳에서 장로 직분을 받았다.

나는 처음부터 어차피 못 받을 돈이라는 느낌을 갖고 있었기 때문에, 마음은 쓰라렸지만 애써 잊으려고 했다.

다만 우리집이 셋방살이하는 동안 그 집은 70평이 넘는 자가 소유 아파트에 살았고, 부부 둘 다 현직 대학교수였으며, 집안 식구들 가운데는 이름만 대면 누구나 알 수 있는 인물이 여럿 있었음에도 불구하고 가난한 목사의 돈을 아무 말 없이 떼먹고 갔다는 사실이 서글펐을 뿐이다.

(사실 18년 동안 목회를 하면서 이런 식으로 사정이 딱한 교인들에게 돈을 빌려줬다가 못 받은 돈이 총 1억 8천만 원이나 되었다. 기실 내가 무슨 돈이 있었겠는가? 그저 교인들이 하도 징징거리니까 반드시 갚는다는 조건하에 간신히 돈을 장만해서 융통해줬다가 다들 언제 그랬냐는 듯 입을 싹 씻는 통에 나만 호되게 당한 것이었다.

그런데 『지렁이의 기도』에서도 간단히 언급했듯이 2012년 10월

분당에 사시는 강 집사님과 김 권사님 내외께서 생면부지의 나에게 선뜻 1억 8천만 원을 건네주셔서 그 순간 몸서리칠 정도로 놀랐다.

나의 마음에는 돈이 생겼다는 기쁨보다도 사람들이 내게 빌려가고 안 갚은 돈과 정확히 같은 액수를 놀라운 방식으로 채워주시는 하나님의 섭리에 탄복하는 마음이 훨씬 더 컸다.)

그런데 그녀는 대체 무슨 까닭으로 16년 전 자기 남편이 빌려간 돈을 뒤늦게 갚겠다고 연락을 취한 것이었을까?

이성순 간사님의 전언에 의하면, 그녀는 우리 회사로 전화를 걸어서 자신이 새벽기도를 드리던 중에 '하나님께서 왜 김요한 목사의 돈을 떼먹고 안 갚느냐?'고 책망을 하셔서 오래 전 일이 생각나 이제라도 500만 원을 송금하는 것이라고 했다고 한다.

그렇다면 분명 그녀의 남편이 빌려간 돈은 1500만 원인데 반해 왜 하나님께서는 그녀에게 고작 500만 원만 이야기하셨을까?

혹시 하나님께서도 잠깐 착각을 하셨거나, 기억이 흐릿해지셨거나, 아니면 하나님은 분명 '1500'이라고 숫자를 불러줬는데 그녀가 경황이 없어서 앞의 1자는 못 듣고 '500'이란 소리만 들었던 것인가?

대체 뭐가 진실일까?

소위 '하나님의 음성은 듣는 법'과 관련한 메커니즘을 이해하려면 하나님의 뜻뿐 아니라 기도하는 당사자 자신에 대한 이해가 필수다.

즉 하나님의 음성은 항상 인간 '매개자'를 통해 중계되기 때문에 그 매개자의 특성을 파악하는 것이 중요하다.

하나님의 뜻 혹은 음성이 인간 매개자를 통과하는 순간 그 사람의 특성이 불가피하게 묻어나게 되기 때문이다.

이것은 마치 커피를 내릴 때 같은 물을 통과시켜도 원두의 특성에 따라 커피 맛이 달라지는 것과 같은 이치다.

또는 햇빛이 프리즘을 통과하는 순간 일곱 빛깔 무지개 색으로 나뉘듯이, 하나님의 은사도 인간 매개자를 통과하는 순간 그 매개자의 성질에 따라 각기 다른 특성을 띤다는 것이다.

그래서 인간의 경험, 지식, 편견과 선입견, 욕망, 정치색, 이데올로기, 기질 등이 우리가 듣는 하나님의 음성에 큰 영향을 미칠 수 있다는 것을 알아야 한다.

쉽게 말해서 하나님만 인간에게 말씀하는 것이 아니라 인간도 (부지불식간에) 하나님의 뜻에 적잖은 영향을 미친다는 점을 기억해야 한다.

(그러므로 이 세상에서 성경을 기록한 저자들 외에는 완벽하게 객관적이고 보편타당한 방식으로 하나님의 음성을 들을 수 있는 사람은 없다.)

따라서 내가 오래전 분명 그 남편에게 1500만 원을 빌려줬음에도 불구하고 그녀가 기도 중 단 500만 원만 갚으라고 들었던 것은 그녀가 알고 있는 액수가 500만 원뿐이었기 때문이다.

그러므로 항상 문제는 우리 인간에게 있는 것이지 하나님이 틀리시거나 잘못 말씀하시는 것은 아니라는 점을 명심해야 한다.

이런 메커니즘을 이해한다면, 우리가 하나님의 음성을 더욱 정확하고 세밀하게 듣기 위해서는 스스로를 부단히 성찰하는 훈련과 더불어 자기 인격과 태도를 수양하기 위한 노력을 해야한다는 사실을 알게 된다. (전통적으로 이 과정을 가리켜 '성화'라고 부른다.)

곧 우리가 좋은 성정을 갖출수록, 우리가 건전한 지성을 개발할수록, 우리가 올바른 역사의식과 사회적 약자들에 대한 긍휼과 연민의 태도를 견지할수록, 하나님의 뜻과 음성을 있는 그대로 포착할 수 있을 가능성이 높아진다.

하나님의 뜻과 말씀이 균형 잡힌 인간 매개자를 통해 드러날 때 비로소 그 자태를 더욱 온전히 드러낼 수 있기 때문이다.

샌드위치 7만 원어치 주세요

2020년 2월부터 샌드위치 장사를 시작했다.

이름은 '탑 샌드위치'다.

영어로는 'Top' 샌드위치지만 한글로는 석탑 혹은 목탑 할 때의 그 '탑'자다.

최고의 샌드위치를 지향한다는 의미와 함께 탑처럼 두툼한 샌드위치를 선보이겠다는 셰프의 철학이 담긴 이름이다.

기존의 출판과 아카데미 사역 외에 '뜬금없이' 샌드위치 장사를 시작한 이유는, 거창하게 말하자면 내가 먼저 자영업으로 성공(?)해서 이를 바탕으로 훗날 청년들의 창업을 돕거나 영세한 목회자들이 목회와 장사를 병행할 수 있는 길을 함께 모색하고자 함이다.

그리고 당장 현실적인 이유로는 한 푼이라도 더 벌어서 우리 직원들의 일자리를 사수하고 회사 재정에 보탬이 되었으면 하는 바람 때문이다. (막상 해보니 쉽지 않다.)

샌드위치 장사를 시작하기 전에는 페이스북 계정에 주로 책 이야기, 시사 이야기, 교회 이야기, 신앙 이야기 등등을 많이 썼는데, 샌드위치 가게를 오픈한 다음부터는 주로 '빵' 이야기가 주종을 이룬다.

그래서 가끔씩 내 페이스북 계정을 방문하는 분들께서는 나의 신상에 큰 변화가 있는 줄로 아시고 화들짝 놀라기도 한다.

가령 미국에서 대학원 공부를 하는 어떤 청년은 오랜만에 내 계정을 방문했다가 온통 샌드위치 이야기만 나열된 것을 보고 깜짝 놀라서 자기 모친한테 국제전화를 걸어 "엄마, 김요한 목사님네 출판사 망했어요?"라고 물었다고 한다.

심지어 군에 가 있는 우리 큰애도 내가 얼마 전부터 샌드위치 장사를 시작했다고 소식을 전하니 똑같은 질문을 던져 제 아빠를 난처하게 만든 일이 있었다.

또 어느 신학교 교수님께 들은 바에 따르면, 신학생들이 과거에는 내 페이스북 계정을 방문해서 이것저것 돌아보는 재미가 쏠쏠했으나 요즘은 빵 이야기뿐이어서 심심하다며 진한 아쉬움을 표한다는 것이다.

이렇듯 내가 샌드위치 판매에 목을 매는 이유는, 책과 달리 빵은 그날 만든 것을 못 팔면 음식이 상해서 결국 폐기처분해야 하기 때문에 어떡하든 그런 손해와 낭비를 막아보고자 함이다.

샌드위치 장사는 확실히 '자영업' 또는 '소상공업'에 해당하는 분야다.

내가 직접 음식 장사를 해보니 그쪽 계통에 있는 분들의 고충과 애로사항이 온몸으로 깨달아진다.

하루 종일 쉬지 않고 일해서 겨우 십여 만원 손에 쥐면 다행일 정도로 빡빡하다.

식사 시간이 되었는데도 손님이 없어 가게가 텅 빈 모습을 바라보노라면 가슴이 시베리아 벌판처럼 쓸쓸하고 황량해진다.

감히 고백하건대, 샌드위치 장사를 시작한 이래 나는 더 많이 마음이 가난해지고 겸손해졌다.

그리고 우리 이웃들의 애환을 더 깊이 공감하게 되었다.

곧 내 심장이 더 크고 부드러워졌다.

그것만으로도 주님께 너무나 감사를 드린다.

그나마 나는 페이스북 친구들이나 새물결플러스 정기독자님들이 꾸준히 샌드위치를 주문해주셔서 다른 사람들보다는 사정이 약간 낫다고 생각한다.

샌드위치 장사를 시작한 이래로 정말 많은 분들께 신세를 졌다.

이 자리를 빌려 깊이 감사드리는 바다.

일일이 열거할 수 없을 정도로 정말 많은 분들께 사랑의 빚을 졌는데 그중 한 분을 소개하고 싶다.

지난 5월 8일 토요일은 진한 미세먼지로 전국의 산하가 뿌옇게 뒤덮였던 날이다.

올 봄에는 토요일마다 비가 자주 와서 주말 장사를 하는데 많은 어려움을 겪었는데, 막상 미세먼지가 도시를 집어 삼키니 더더욱 손님이 뜸했다.

비보다 미세먼지가 훨씬 더 매서웠다.

텅 빈 가게를 보면서 나는 아침 일찍부터 정성스럽게 만든 저 많은 샌드위치를 어떻게 처치하나 싶어 한숨이 나왔다.

그런 푸념을 가볍게 페이스북에 올렸는데, 어느 분이 다음과 같은 사연과 함께 샌드위치를 7만 원어치 주문해주셨다.

"저는 새벽에 독서실 청소 아르바이트를 하는 사람입니다. 오늘은 어버이날이라고 세 자녀가 도와줘서 평소보다 알바비를 더 많이 벌었습니다.…늘 한국교회를 위해서 많은 수고를 해주시는 새물결 식구들이 낙심하지 않고 강건하셨으면 좋겠습니다. 힘내십시오. 항상 응원합니다."

나중에 이 사연을 회사 식구들에게 이야기해줬더니 몇몇 직원은 눈시울을 붉혔다.

대체 우리가 뭐라고 늘 이런 과분한 사랑과 은혜를 받고 사는지, 정말이지 모르겠다.

그저 감사하고 또 감사할 뿐이다.

그 기대와 성원에 헛되지 않게끔 최선을 다해서 한국교회를 섬길 것을 약속드린다.

글을 마무리하며

2021년 5월 3일 밤늦게 편집부의 한바울 박사로부터 문자가 왔다.
영국에 계시는 아버님이 급작스럽게 운명하셔서 장례식을 치르기
위해 영국을 다녀와야겠다는 문자였다.

그는 코로나19 팬데믹 사태로 인해, 평소 같으면 일주일이면 해결
될 일을 영국에 입국해서 10일간 자가 격리를 하고 장례식을 치른
후 다시 한국으로 돌아와 14일간 자가 격리를 하게 되었다며 꼬박
한달 동안 자리를 비우게 되는 것이 마음에 걸린 듯 내게 연신 죄송
하다고 했다.

나는 회사 일은 전혀 신경 쓰지 말고 하루빨리 출국해서 일을 잘
마무리하고 혼자 계신 어머님을 따뜻하게 위로해드리라고 당부했
다.

한바울 박사의 부친은 약 25년 전 영국 선교사로 파송을 받아 스
코틀랜드에서 사역을 시작했다. 아들이 한국에서 중학교 1학년을 마
친 직후였다. 부모를 따라 이역만리 낯선 땅으로 삶의 터전을 옮긴
그는 이후 영국에서 대학원 박사 과정까지 마친 후 다시 한국에 돌

아와 장로회신학대학원에서 목회학 석사 과정을 이수했고 2015년부터 새물결플러스 편집부에서 근무하는 중이다. 그를 처음 스카우트했을 당시 내 목적은 신학 원서에 담긴 미묘한 영어 뉘앙스를 좀 더 정확하게 교정하는 일에 도움을 받고자 함이었다. 애초에는 최소 3년은 함께 일하자고 약속했었는데 벌써 햇수로 7년이란 세월 동안 자기 자리를 묵묵히 지키고 있다.

5월 14일에 한 박사로부터 다시 이메일이 왔다, 방금 전 자가 격리를 마쳤고 곧 장례식을 치른 후 귀국할 수 있을 것 같다는 소식이었다. 급작스럽게 아버지를 떠나보내고, 홀로 남은 어머니를 모시고 귀국할 준비를 하면서, 그리고 아버지의 유품들을 정리하면서 마음이 착잡한 듯했다. 그는 편지 말미에 "대표님이 건강하셨으면 좋겠습니다"라고 적었다. 그는 "성도들은 목사의 피를 먹고 산다는데, 자기가 지금까지 곁에서 지켜본 바에 의하면 많은 사람들이 대표님의 피를 먹고 새 생명을 얻는 것 같다"며 진심으로 내 안위를 염려했다. 나는 그의 살뜰한 마음 씀씀이가 고마웠다.

세월의 흐름을 거스를 수 있는 사람은 아무도 없다. 육체의 한계를 뛰어넘을 수 있는 사람도 없다. 나도 마찬가지다. 한 해 한 해 나이를 먹어가면서 모든 면에서 '약해'지고 있음을 절감한다. 몸이 쇠하고 기운이 떨어지다 보니 기상과 투지도 예전 같지 않다. 예전 같으면 들이박았을 일도 참게 되고, 투덜거릴 일도 허허 웃게 된다. 반대로, 덜 다투고 싸우다 보니 후회할 일도 미안해 할 일도 줄어들게 된다. 비로소 철이 드는 것인지도 모르겠다. 아무튼 나를 위시하여 우리 모두는 대체로 이런 식으로 매일 조금씩 '죽어'간다.

언젠가 한 줌의 재가 되어 작은 항아리 속으로 들어갈 때까지, 어떤 이야기들은 평생 혼자 간직해야 할 것이다. 또 어떤 이야기들은 일부만 살짝 맛보기 식으로 공개해야 할 것이다. 아무래도 평소 많은 상담과 기도 사역을 하다 보니 내게는 혼자만 알고 있어야 할 은밀한 이야기들이 제법 많다. 분명 그 모든 사연들은 무덤까지 비밀로 남게 되리라. 그러나 어떤 이야기들은 살짝 공개를 해도 괜찮지 않을까 싶다. 『내 인생의 36.5도』와 마찬가지로 이 책에 소개된 이야기들도 그런 사연이라고 판단을 해서 조심스럽게 세상에 선을 보인다.

이번에도 글을 쓰다 보니 어김없이 얼굴이 홍당무처럼 빨개지는 일이 반복되었다. 삶의 편린 속에 담긴 내 자신의 만용과 부족한 모습들 때문이다. 죽음이 가까워질수록 조금씩 철이 들고 있다고 생각했는데 그게 아니었다. 나는 아직도 멀었단 생각이 든다. 그래도 어쩌겠는가? 기왕 쓴 글인데 철없는 모습 그대로 독자 제위께 보여드리는 수밖에. 그저 잠이 안 오는 밤에 수면제 삼아 편하게 읽어주시면 감사하겠다.

살다 보니 별일이

Copyright © 김요한 **2021**

1쇄 발행 2021년 5월 28일

지은이　김요한
펴낸이　김요한
펴낸곳　새물결플러스

편　집　왕희광 정인철 노재현 한바울 정혜인
　　　　이형일 나유영 노동래 최호연
디자인　윤민주 황진주 박인미
마케팅　박성민 이원혁
총　무　김명화 이성순
영　상　최정호 곽상원
아카데미　차상희

홈페이지　www.holywaveplus.com
이메일　hwpbooks@hwpbooks.com
출판등록　2008년 8월 21일 제2008-24호
주　소　(우) 04118 서울시 마포구 마포대로19길 33
전　화　02) 2652-3161
팩　스　02) 2652-3191

ISBN 979-11-6129-203-8 03230

책값은 뒤표지에 있습니다.